W0245086

Adam Soboczynski
KLEIST

Adam Soboczynski

KLEIST

Vom Glück
des Untergangs

Luchterhand

Verlagsgruppe Random House FSC-DEU-0100
Das für dieses Buch verwendete FSC®-zertifizierte Papier
EOS liefert Salzer Papier, St. Pölten, Austria.

1. Auflage
© 2011 Luchterhand Literaturverlag, München
in der Verlagsgruppe Random House GmbH

Satz: EDV-Fotosatz Huber/
Verlagsservice G. Pfeifer, Germering
Druck und Bindung: Friedrich Pustet KG, Regensburg
Alle Rechte vorbehalten. Printed in Germany
ISBN 978-3-630-87363-3

www.luchterhand-literaturverlag.de

Für Helmut J. Schneider

INHALT

PROLOG

Der 21. November 1811 ist ein kalter Herbsttag. Die Wirtsleute des Gasthofs Stimmings Krug am Kleinen Wannsee bei Berlin sind verwundert, als ein Paar Anfang 30 Kaffee ans Ufer bestellt. Die beiden sind euphorischer Stimmung. Ein Tagelöhner der kleinen Gaststätte wird später zu Protokoll geben, er habe sie schäkernd am Ufer entlanglaufen sehen, sich jagend wie kleine Kinder.

Kurz darauf hallen zwei Schüsse durch die Herbstlandschaft. Der preußische Dichter Heinrich von Kleist hat in einer kleinen Senke Henriette Vogel in die Brust geschossen, dann sich selbst in den Mund. Als man die beiden fand, lag sie auf dem Rücken und hatte die Hände über dem Leib gefaltet. Kleist kniete zusammengesackt vor ihr.

Zwei Ärzte mit den wunderlichen Namen Greif und Sternemann untersuchten die Leichname. Der

Mund Kleists musste mit »größter Gewalt« geöffnet werden. Man diagnostizierte eine vergrößerte Leber, die Gallenblase enthielt zu viel Galle, die anderen Organe aber waren in bester Ordnung. Im Hirn fanden die Mediziner »ein Stück Blei von der Größe einer Bohne«. Als sie den Schädel zu öffnen versuchten, brach ihnen zunächst die Trepaniersäge ab. Das Protokoll wurde von den Ärzten später korrigiert und dramatisiert, sie dichteten dem Gehirn Kleists nun eine unnatürliche Festigkeit an. Kleist, so die Diagnose, sei Choleriker gewesen.

Er hatte Henriette Vogel etwa eineinhalb Jahre vor dem gemeinsamen Selbstmord kennengelernt. Sie hatten gemeinsam mit Bekannten die Taufe einer Tochter von Adam Müller gefeiert – ein seinerzeit berühmter und berüchtigter, heute vergessener Publizist einer unklaren *Lehre vom Gegensatz*. Henriette Vogels Gatte Louis war Beamter und ging bereits ein halbes Jahr nach dem Tod seiner Frau eine neue Ehe ein, was seine lebensmüde Gattin vorausgesehen hatte.

Ihr wird nachgesagt, sie habe ein Verhältnis mit Adam Müller gehabt, bis Kleist in die »ausgetretenen Liebespantoffeln« geschlüpft sei. So jedenfalls berichtet es der Dichter Clemens Brentano. Die meisten Zeitgenossen aber behaupten: Kleist und Henriette

Vogel hätten eine rein platonische Beziehung gepflegt, nur der gemeinsame Todeswunsch habe sie vereint. Kurioserweise hat man sich auf diese Version heute verständigt. Dabei ist nicht auszuschließen, dass mit der Behauptung einer unerotischen Komplizenschaft nur der hinterbliebene Gatte geschont werden sollte.

Was man mit Sicherheit weiß: Henriette Vogel war an Unterleibskrebs erkrankt, Kleist hatte ihr Leiden durch den Doppelselbstmord abgekürzt. Gründe für *seinen* Selbstmord hat Kleist selbst angegeben: Er war nach allerlei überspannten Versuchen, im Leben Fuß zu fassen, nach missglückten Projekten als Schriftsteller und Journalist, als Staatsreformer und Propaganda-Autor finanziell ruiniert und von Preußen enttäuscht, dem er eine patriotische Erhebung gegen die napoleonische Übermacht abverlangte. Kleist bescheinigte gegen Ende seines Lebens selbst die eigene Familie, er sei ein »nichtsnütziges Glied der menschlichen Gesellschafft«.

Man trinkt Kaffee und Rum, bevor man sich umbringt, läuft am Ufer umher, lacht. Die Selbstmörder schreiben sich zwei glühende, kleine Briefe, zwei Manifeste des Glücks. Henriette Vogel schreibt: »m armer kranker Heinrich, m zartes weißes Lämchen, m Himmelspforte.« Er im selben Duktus: »Mein

Jettchen, mein Herzchen, m Liebes, mein Täubchen, m Leben (...) m Nachruhm (...)«

Von Nachruhm allerdings konnte zunächst keine Rede sein. Die militärisch ruhmreiche Familie Kleist sei beschmutzt durch die Tat dieses wahnsinnigen Schriftstellers, meinte ziemlich einhellig die Presse. Der Selbstmord sei unchristlich und feige gewesen, zu einer derartigen Tat sei nur jemand fähig, der sich zu viel mit Literatur beschäftige.

Kleists Werke wurden vom Lesepublikum kaum angerührt. Und wer selbst noch in der zweiten Hälfte des 19. Jahrhunderts vom Dichter Kleist sprach, meinte zumeist einen entfernten Verwandten Heinrichs, Ewald von Kleist, einen Schriftsteller heiterer Idyllen, der in der Schlacht bei Kunersdorf 1759 zum Ruhm seiner militärisch ambitionierten Familie gefallen war (Lessing, der mit diesem befreundet war, vermutete übrigens, auch hier sei Todessehnsucht die Triebfeder gewesen).

Spricht heute jemand von Kleist, denkt er selbstverständlich an Heinrich und an das waghalsigste Werk, das in der Goethezeit entstanden war – und das alles vorwegzunehmen scheint, was unsere Zeit immer noch umtreibt: die Vetternwirtschaft einer unübersichtlichen Verwaltungswelt *(Michael Kohlhaas);* national beseelte Massenschlachten *(Die*

Herrmannsschlacht); fragile Geschlechtsidentitäten
(Penthesilea), den jeder Sinnstiftung von Geschichte
höhnenden Zufall *(Das Erdbeben in Chili);* eine ra-
dikale Sprachskepsis, jenes ratlose »Ach!« *(Amphitryon)* angesichts einer Welt, die Kleist mit guten
Gründen als »gebrechliche Einrichtung« begriff. In
seine Lebenszeit fallen die Französische Revolution,
Napoleons Eroberungskriege, das Ende des Heili-
gen Römischen Reiches und Preußens Kapitulation
vor Frankreich. Wenig verwunderlich also, dass in
kaum einem seiner Werke der Krieg nicht zumindest
als bedrohliches Grollen im Hintergrund vorkommt.
Gewalt scheint in jeder noch so harmlosen Geste
von Kleists Protagonisten zu lauern – und bricht
sich im Laufe der Handlungen gern Bahn: Penthesilea zerfleischt ihren Geliebten Achill, Gehirne werden, etwa in seiner Erzählung *Der Findling,* einge-
drückt, die Marquise von O... wird vergewaltigt.
Ja, selbst die bedeutendste Komödie deutscher Sprache überhaupt, *Der Zerbrochne Krug,* in der ein
Dorfrichter zum Angeklagten seines von ihm selbst
geführten Prozesses wird, kreist, wie man heute sagen würde, um ein Sexualverbrechen.

Die Gewalt, die uns so modern anmutet, da sie
auf die monströsen Schlachtfelder des 20. Jahrhunderts vorausweist, ist nur der auffälligste Bruch mit

dem aufklärerischen und idealistischen Erbe. Kleist demontiert es mit größter Lust. Etwa die Anmut, die Friedrich Schiller als die Vereinigung von innerer und äußerer Schönheit gefeiert hatte, als körperlicher Ausdruck eines inneren Einsseins. Kleist verhöhnt sie in seinem kleinen Dialog *Über das Marionettentheater*: Ausgerechnet eine bewusstseinslos Puppe, kein Mensch, wird Kleist zum satirischen Sinnbild für »natürliche Grazie«. In wenigen Strichen wird hier der Schönheitskonzeption Schillers abgeschworen.

Gotthold Ephraim Lessings Drama *Nathan der Weise* rühmt die kulturellen Leistungen des Menschen: Die Adoption der Tochter Recha durch Nathan ist von höherem Wert als eine schnöde, natürliche Zeugung. Erziehung und eine vernünftige Ausgestaltung des Lebens sind für Lessing von höherem Wert als der Zufall der Geburt, den man nicht beeinflussen kann. Kulturelle Leistung, so seine Überzeugung, vermag die Kreatürlichkeit des Menschen zu überstrahlen. Kleist verhöhnt diesen Kerngedanken der Aufklärung in seiner kleinen Erzählung *Der Findling*. Sie handelt von einem Adoptivsohn namens Nicolo, an dem jede Erziehungsanstrengung versagt: Er verführt seine Adoptivmutter und bringt seinen Vater ins Grab. In wenigen Stri-

chen wird hier dem Humanismus Lessings abgeschworen.

Johann Wolfgang Goethes Drama *Iphigenie auf
Tauris* rühmt die Fähigkeit des Menschen zu Einsicht und Friedfertigkeit. Die Titelheldin entweicht
aus den Armen des Königs Thoas mit einer »uner-
hörten Tat«. Sie beichtet ihm die Fluchtpläne, die
für ihre Heimkehr nach Griechenland geschmiedet
wurden, sie appelliert an seine Menschenfreundlichkeit. Er möge sie freiwillig gehen lassen. Und
die Herzenssprache bei Goethe, gegen alle Wahr-
scheinlichkeit, fruchtet. Nicht die Verstellung siegt,
sondern Aufrichtigkeit. »Lebt wohl«, sagt Thoas,
der Mächtige, der sich aufopfert, seine Interessen
zurückstellt. So endet die *Iphigenie*. Kleists *Penthesilea*, offenkundig konzipiert als ihr Gegenstück,
endet damit, dass die Titelheldin ihren Geliebten in
Raserei nicht nur tötet, sondern seinen Körper ent-
weiht: Sie zerfleischt Achill bis zur Unkenntlichkeit.
In wenigen Strichen wird einer als harmonisch ge-
dachten Antike abgeschworen.

Wie denn überhaupt die Aufrichtigkeit, die Herzenssprache, das Vertrauen bei Kleist sich so offenkundig als fragil erweisen. Das heitere 18. Jahrhundert war von der Angst beseelt, dass zwischen dem,
was ein Mensch darstellt, und dem, was er ist, ein

Riss klaffen könnte. Erscheinung und Wesen sollten gefälligst verschmelzen. Man wollte die Etikette und die Verstellung des Hofes, die Koketterie und undurchsichtige Diplomatie überwinden. Kleist bringt wieder zu Bewusstsein, dass noch hinter dem liebreizendsten Blick eine Falle lauern könnte, in die man stürzt. Blendende Verstellungskünstler prägen sein Werk: Es treten auf ein Dorfrichter Adam, dessen phantasiereiche Lügen wir genießen; ein germanischer Feldherr, der vorzugsweise mit List und Verschlagenheit die Römer bezwingt; ein Adoptivsohn, der sich verkleidet an seiner Stiefmutter vergeht. Wir wissen nicht einmal recht, ob der Marquise von O… ihre Schwangerschaft tatsächlich so verrätselt ist, wie sie behauptet. Die Intrigenkunst des Hofes erlebt beim Aristokraten Kleist eine Auferstehung. Ausgerechnet das an seiner Kunst, was uns so modern scheint, entspringt dem pessimistischen Menschenbild des Barock: die Gefallsucht seiner Protagonisten, ihre Eitelkeit und theatrale Körperlichkeit. Kleists Figuren kennen die Anmut des Fechtens und des Reitens, es gibt Grafen, die auf dem Feld der Ehre »Wunder der Anstrengung« vollbringen, und die hohe Kunst hässlicher Kabinettspolitik. Indem Kleist zurückblickte auf eine kalte Welt höfischer Intrigen, warf er einen kühnen Blick nach vorn. Es klingt in seinem Werk bereits jene kühl-strategische Verlogenheit an, wie sie die Aufsteigerfiguren von Stendhal oder Balzac zelebrieren. Die Verschlagenheit ist bei Kleist dem Körper eingeschrieben, sie verrät sich am hässlichen Zucken einer Oberlippe, am ungeschickten Erröten, am Erblassen.

Kleist spielte Überlegungen der Aufklärung und der Weimarer Klassik in seiner Literatur so gründlich durch, bis sie gänzlich entstellt waren, bis sie sich in ihr Gegenteil verkehrt hatten. Hinter der Menschenfreundlichkeit des 18. Jahrhunderts witterte Kleist ein Phantasma, das nicht nur von seiner Literatur als solches entlarvt wurde, sondern bereits von den Zeitumständen, mit denen er sich konfrontiert sah. Wohl kaum jemand hatte letztlich mehr Einfluss auf den Lebenslauf Kleists als Napoleon. Auf dessen Feld- und Raubzüge musste Kleist als Soldat und als Dichter reagieren, zumeist mit Rückzug und in aufgelöster Ordnung.

Die Welt war Kleist ein Krieg. Wer sie nicht umfasst halte wie ein Ringer, schrieb er in einem kurzen Prosatext, sie »tausendgliedrig, nach allen Windungen des Kampfs, nach allen Widerständen, Drücken, Ausweichungen und Reaktionen, empfindet und spürt: der wird, was er will, in keinem Gespräch, durchsetzen; vielweniger in einer Schlacht«.

Kleist war zeitlebens erfolglos, die letzten Briefe aber sind in überaus freundlicher Stimmung abgefasst. Seiner Halbschwester Ulrike, zu der Kleist eine enge Bindung hatte, wünschte er einen Tod, der ihr zumindest halb so viel Freude bereite wie ihm der seinige. Gegenüber Marie von Kleist, einer älteren Vertrauten und entfernten Verwandten, spricht er vom »Triumpfgesang«, den seine Seele im »Augenblick des Todes anstimt«, und entschuldigt sich, sie hintergangen zu haben, allerdings nicht mit einer Frau, »die mit mir leben«, sondern mit einer, die »mit mir sterben will«. Seine »ganze jauchzende Sorge« sei es, »einen Abgrund tief genug zu finden«, in den er sich mit seiner Todesbegleiterin hinabstürzen kann. In einem anderen Abschiedsbrief bezeichnet er sich als »Luftschiffer«, der sich über die Welt erhebt. Himmel und Abgrund fallen in eins.

Man hat die befremdliche Freude, die Kleist angesichts seines Todes empfand, bisweilen als Entrückung gedeutet: Er sei nicht mehr ganz Herr seiner selbst. Genau besehen, entwirft Kleist aber sowohl in seinem Leben als auch in seiner Literatur die gewaltigen Untergangsszenarien immerzu als Glücksmomente. Wie kann das sein?

Dieses Buch ist dem Glück dieses Dichters auf der Spur, das stets im Unglück keimt. Das Versagen wurde Kleist zum neuralgischen Punkt seiner Literatur, seines Lebens. Wie nur lässt sich Ruhm erringen ohne Sieg? Wie kann dem Leben Versöhnliches, Heiteres abgerungen werden, wenn einem der Kampf ums Obenbleiben, die Ehre des Hauses, die Zugehörigkeit zur Machtelite alles ist und dies alles einem verwehrt bleibt? Wie lässt sich ruhmreich sterben, ohne Ruhm zu Lebzeiten errungen zu haben?

Wer sich Kleist nähert, seinem Leben und seinen Vorstellungen vom Krieg und von der Liebe, erfährt, so die Hoffnung, Grundsätzliches über den Umgang mit Erfolglosigkeit.

LEBEN

Goethe waren die Kleistschen Abgründe fremd, er befand, dieser sei von einer »unheilbaren Krankheit« ergriffen. Als unheilbaren Fall hat sich Kleist am Ende seines Lebens selbst gesehen: Ihm sei auf Erden nicht zu helfen. Dabei waren die Voraussetzungen glänzend. Als Abkömmling eines altpommerschen Adelsgeschlechts hatte Kleist Zugang zu den Schaltstellen der preußischen Monarchie, in der seine Freunde munter Karriere machten. Ernst von Pfuel, sein wohl engster Vertrauter, brachte es etwa zum preußischen Ministerpräsidenten, Otto August Rühle von Lilienstern wurde unter anderem Generalinspekteur des preußischen Bildungswesens. Kleist gehörte wie sie zur privilegierten Elite seines Landes. Seine Familie und Bekannten waren durchaus liberal und weltoffen gesinnt, er verfügte über ein – wenn auch eher kleines – Vermögen. Nichts sprach gegen eine standesgemäße Karriere, nichts gegen Ruhm, Ansehen und Erfolg.

Doch was immer Kleist anpackte, es misslang grandios.

Als 14-Jähriger wird der aus Frankfurt an der Oder stammende Adlige, nachdem er in seiner Kindheit unter die Obhut und Erziehung eines hugenottischen Predigers in Berlin geraten war, in das renommierte Regiment Garde aufgenommen. Doch das Militär erscheint ihm bald als »lebendiges Monument der Tyrannei«. Er dankt ab und studiert in Frankfurt an der Oder allerhand: Mathematik, Physik, Philosophie, Kulturgeschichte, Latein. Mit dem größtdenkbaren Ehrgeiz. Das Studium gerät ihm zur Etappe eines rigiden Lebensplans: Durch Bildung gelte es zu Glück und guter Gesinnung zu kommen. Nach nur wenigen Monaten aber klagt Kleist, dass sein Herz bei all dem Wissen veröde. Überdies fühle er sich insgesamt unwohl, in Gesellschaft sei er ängstlich, er leide unter »Beklommenheit«, er schäme sich, sobald er unter Menschen gerate.

Er verlobt sich mit einer Nachbarstochter, mit Wilhelmine von Zenge, hält es aber nach der Verlobung nur wenige Wochen in ihrer Nähe aus. Kleist reist mit seinem Freund Ludwig von Brockes über-

stürzt nach Würzburg und schreibt an sie und an
seine Halbschwester Ulrike dunkle Briefe, die ihm,
wie so häufig, mit Geld aushilft – man vermutet
später aufgrund mancherlei Andeutungen, er be-
treibe Industriespionage oder lasse sich eine Vor-
hautverengung beheben. Oder aber: Er suche
Freimaurer auf. Es lässt sich nicht ermitteln, was
der Zweck dieser berüchtigten Reise war, wahrscheinlich gab es keinen, außer den, von seiner
Familie, seiner Braut und deren Ansprüchen und
Erwartungen zu fliehen. (Es füllen heute ganze Bibliotheken sehr ernsthafte Schriften zum Zweck
der sogenannten Würzburger Reise, gerade so, als
könne man ernsthaft die aberwitzige Stilisierung
und Dramatisierung des Dichters übersehen, der
sich doch offenkundig nur aus einer ungemütlichen gesellschaftlichen Situation davonstehlen
wollte.)

Seine Briefpartner – vor allem jene, die ihn lieb-
ten – dürften Kleist häufig als Zumutung empfun-
den haben. Kleists Briefe sind nicht selten behelli-

gend, belehrend, oft verletzend. Seine Verlobte Wilhelmine von Zenge etwa wird zum Empfänger umständlicher Traktate und nebenher darüber aufgeklärt, wie die Rollenverteilung zwischen Mann und Frau auszusehen habe: Der Frau sei der Mann schlechterdings alles, im Leben des Mannes indes gebe es privates und öffentliches Wirken. Die Frau heile die Spaltung des Mannes, weshalb der Mann auch mehr verliere, wenn die Frau ihm wegsterbe. Man hat schon glühendere Liebesbriefe von Dichterhand gelesen. (Gewiss, der Gedanke vom gespaltenen Mann und der Ganzheit der Frau ist gängiger Topos der Zeit. Jean Paul formulierte übrigens bündiger als Kleist: »So lang' ein Weib liebt, liebt es in Einem fort – ein Mann hat dazwischen zu thun.« Es irritieren in Kleists Briefen an die Braut denn auch weniger die Belehrungen, als die Tatsache, dass sie kaum von schwärmerischen Anwandlungen flankiert werden.)

Kleist hospitiert nach seiner Würzburger Reise in Berlin für eine kurze Zeit bei der preußischen Wirtschaftsverwaltung. Als er den Auftrag erhält, ein umfangreiches Buch über Mechanik zu lesen und vorzustellen, schreibt er einen dramatischen Brief an seine Schwester. Er fühle sich insgesamt unwohl. Der Grund: Die Menschen gefielen ihm nicht. In

Gesellschaft müsse man eine Rolle spielen, dagegen habe er einen »inneren Widerwillen«. Er habe, schreibt er, die ungute Begabung, hinter jeder Miene den Gedanken zu erraten, hinter jedem Wort den Sinn, jeder Handlung den Grund. Nackt sei vor seinen Augen das Menschengeschlecht. Es ekele ihn an. Zudem habe er ein körperliches Gebrechen (gemeint ist vermutlich ein Stottern), das ihn in Verlegenheit bringe. Er kriege es nicht in den Griff.

Einen Monat später schreibt er seiner Verlobten und seiner Schwester Briefe, die noch dramatischer klingen: Er habe sich mit der Kantischen Philosophie beschäftigt. Er sei ein Opfer der Kantischen Philosophie geworden! Es gebe, wie er nun erkenne, keine unumstößliche Wahrheit mehr. Sein Lebensplan, auf dem Wege der Wissensvermehrung glücklich zu werden, sei gescheitert. Sein Lebensziel dahin. Er lungere, schreibt er der Schwester, in Berlin in Kaffeehäusern herum, gehe ins Schauspielhaus, suche die Zerstreuung, vergeblich. Er müsse verreisen, sofort, nach Paris, er brauche Geld. Ob sie mitkommen wolle? Sie wollte. (Es füllen heute ganze Bibliotheken sehr ernsthafte Schriften zum Verhältnis von Kant und Kleist, gerade so, als könne man ernsthaft die aberwitzige Stilisierung und Dramatisierung des Dichters übersehen, der sich doch offenkundig nur aus einer ungemütlichen gesellschaftlichen Situation davonstehlen wollte.)

Man reist über Dresden, um die Kunstschätze der Stadt zu besichtigen. Kleist versenkt sich in die Sixtinische Madonna von Raffael, lernt die Schwestern Karoline und Henriette von Schlieben kennen und den Maler Friedrich Lose, den Kleist mit seinen Kunstkenntnissen schwer beeindruckt. Offenbar hat man eine recht gute Zeit, der Frühling 1801 ist dort angenehm warm. Nur mit Mühe sagt sich Kleist von der Stadt los.

Paris hat 700.000 Einwohner. Nur London ist mit etwa einer Million Einwohner größer. In Berlin wohnen zu jener Zeit gerade einmal 170.000 Menschen. Die Geschwister zogen ins Quartier Latin, in die Nähe vom Palais Royal, das in seinen Säulengängen Spielkasinos, Cafés, auch Bordelle beherbergte. Man kann heute nicht mehr recht glauben, welch fatalen Eindruck das ungewohnte Großstadtleben bei deutschen Besuchern in der Regel hinterließ. Kleist war jedenfalls keineswegs der einzige deutsche Intellektuelle, der mit Entsetzen von der sexuellen Freizügigkeit sprach, von der Anonymität (man grüße sich auf der Straße und kenne sich nicht, berichtet Kleist), vom Gehetze im Alltagsleben der Franzosen, vom Kot auf den Straßen, vom

Gestank. Es gebe kein sinnliches Bedürfnis, das nicht bis zum Ekel befriedigt, keine Tugend, die nicht mit Frechheit verspottet, keine Infamie, die nicht mit Prinzipien begangen werde. In Kleists Briefen aus Paris kommt ein spezifisch deutscher Diskurs zur Sprache, der noch unsere Gegenwart prägt: Favorisiert wird Gemeinschaft, nicht Gesellschaft. Intimität, nicht taktvoller Abstand im Umgang. Provinz, nicht die Metropole, nicht das Mondäne, das Frivole, das Chaos, der Abgrund, die Geschwindigkeit. Paris war dem frivolsten, chaotischsten, abgründigsten Dichter Deutschlands zu sehr Spiegel seiner selbst, als dass er sich in die Stadt hätte verlieben können.

Übellaunig soll Kleist in Paris gewesen sein, berichtete Ulrike. Sie war es auf der Reise offenkundig nicht. Sie trug Männerkleider, um Vorlesungen besuchen zu können und um sich bequem durch die Stadt zu bewegen. Kleist missbehagte das sehr. Es missbehagte ihm, dass Ulrike sich weigerte, zu heiraten und Kinder zu kriegen. An ihrem Busen könne man nicht ruhen, sie sei eine weibliche Heldenseele, die von ihrem Geschlecht nichts habe als die Hüften. Die Natur habe an ihr einen Missgriff begangen, ein Wesen erschaffen, das weder Mann noch Frau sei, sie schwanke zwischen zwei Gattungen, notierte er in Paris. Seine Schwester war Kleist zu sehr Spiegel seiner selbst, als dass er sie dort hätte gut ertragen können.

Es kommt zum Streit, man trennt sich. Kleist, vom Großstadtleben ungut beeinflusst, glaubt endlich, seinen Lebensplan gefunden zu haben. Er möchte in die Schweiz ziehen, sich dort ein Haus kaufen und fortan als Bauer leben. Seine Schwester hält den Plan für abwegig.

In die Schweiz reist Kleist mit dem Maler Lose, der sich gleichfalls in Paris eingefunden hatte. Man weiß heute wenig über ihn, und man weiß nicht recht, weshalb sich die Reisenden bei Basel heftig stritten und vorübergehend trennten, aber es gibt einen überaus wirren Brief Kleists an ihn, in dem Liebe und Hass unheilvoll versponnen sind: Er empfinde sich »in der Nähe einer Todesstunde«. Er bitte um Verzeihung. Schuld hafte auf seiner Seele. Sein Gemüt sei überspannt, nie erfreue er sich an dem, was er habe, immer nur an dem, was er nicht haben könne. »Was suchten wir wohl auf unserm schönen Wege? War es nicht Ruhe vor der Leidenschaft? Warum grade, grade *Du* –?« Es sei abscheulich, er fühle sich bitter, feindselig, hässlich. Ob er, Lose, sich nicht vielleicht ändern könne? Etwa den Umgang mit Zartem erlernen?

In der Schweiz sesshaft zu werden war an sich eine denkbar schlechte Idee. Das Land stand unter napoleonischem Einfluss und befand sich am Rande eines Bürgerkriegs. Kleist mietet sich deshalb auch nur ein Häuschen auf einer Insel am Thuner See. Noch immer treibt ihn sein Lebensplan um. Wie soll er nur jemals wieder nach Preußen gelangen? Er habe doch Erwartungen geweckt und bislang nicht erfüllt. Was er zunächst nicht schreibt: Er dichtet und erhält Zugang zum literarischen Betrieb. In der Schweiz verkehrt Kleist mit dem Bestsellerautor Heinrich Zschokke, dem Verleger Heinrich Geßner und einem Sohn des berühmten Schriftstellers Martin Wieland, Ludwig Wieland, der ihn auch an seinen Vater vermitteln sollte.

Kleist lebt ein Vierteljahr auf der Insel, nicht ohne darauf zu verzichten, mit der ihm eigenen Lebhaftigkeit schwere Lebensdramen zu durchleiden, vor allem aber einmal mehr: zu erdichten. Da versuchte er etwa bereits von Paris aus, seine Verlobte Wilhelmine von Zenge zum Umzug in die Schweiz zu zwingen. Da sie einem Leben als Bäuerin abgeneigt ist und Kleist zur Rückkehr bewegen möchte, verstößt er sie mit bemerkenswerter Brutalität. Sie, wie alle Weiber, verstünden ein Wort in der deutschen Sprache nicht, es heiße Ehrgeiz. Er kehre in die Heimat nur zurück, wenn er den Menschen, die er durch »eine Menge von prahlerischen Schritten« gereizt habe, auf Augenhöhe begegnen könne. Nur mit Ruhm reise er nach Preußen zurück oder nie. Sie solle ihm nicht mehr schreiben. Er habe keinen anderen Wunsch, als bald zu sterben.

Drei Monate später, im August 1802, schreibt er nach Frankfurt/Oder noch dramatischer. Er benötige dringend Geld. Er sei krank und kaum in der Lage, einen Brief abzufassen. Vorsorglich verabschiedet er sich von den Verwandten: »Lebet wohl, lebet wohl, lebet wohl.« Als seine Schwester quer durch Deutschland zum sterbenden Bruder reist, sitzt dieser bester Laune am Schreibtisch, die Krankheit war eine Erfindung gewesen. Nicht immer wird Ulrike auf die Inszenierung von Kleists Lebensdramen derart sensibel reagieren. Einmal schreibt sie ihm, seine wiederkehrende Unausgeglichenheit rühre von seinem unmäßigen Bierkonsum her, was Kleist allerdings nicht einsieht. Das sei doch zu materialistisch gedacht.

Kleist reist nach Oßmannstedt bei Weimar zum alten Martin Wieland. Kleist hatte da bereits sein erstes Drama, *Die Familie Schroffenstein*, vollendet und arbeitet jetzt am größten Drama der Menschheitsgeschichte. So denkt er sich das jedenfalls. Und

Martin Wieland, der eine junge Tochter hat, die sich in den Dichter verliebt (weshalb der Aufenthalt nur kurz ausfällt), bestärkt ihn, unbedingt seinen *Robert Guiskard* zu vollenden. Das Drama könne besser werden als alles, was Goethe und Schiller je geschrieben haben. Die wohnen in unmittelbarer Nachbarschaft. Kleist traut sich nicht, sie aufzusuchen, was ein Leichtes gewesen wäre. Bei Wieland hinterließ Kleist übrigens einen recht seltsamen Eindruck, er saß oft abwesend herum und führte Selbstgespräche. Was den alten Dichter nicht daran hinderte, das Talent des jungen zu entdecken.

Wieland hatte Kleists ohnehin maßlose Ansprüche noch bestärkt. Kleist dichtete regelrecht besessen. Er reist nun in Begleitung von Ernst von Pfuel, den er noch aus Soldatenzeiten kennt. Wieder geht es in die Schweiz, abermals nach Paris. Am Thuner See badet man ausgiebig und nackt, wohnt zusammen, wandert, reist gar für kurze Zeit nach Italien. Zum heftigen Streit kommt es in Paris. Kleist kann partout seinen *Robert Guiskard* nicht fertigstellen, er ist unzufrieden mit dem bisher Geschriebenen und verbrennt es. Er teilt Pfuel mit, dass er sich jetzt umbringen werde. Ob er sich nicht mit ihm gemeinsam umbringen wolle, hatte er Pfuel da schon mehrmals gefragt. Dann verlässt Kleist die Wohnung und irrt durch die Stadt. Pfuel kann ihn nicht finden. Mehrfach soll er in die Morgue gegangen sein, wo man die Toten von Paris hinbringt. Kleist aber hat einen sehr spezifischen Selbstmordplan. Er möchte sich der französischen Armee anschließen, um in einer Schlacht umzukommen. Mit dunklem Pathos alarmiert er auch die Schwester in einem Brief: Er werde nie mehr in die Heimat zurückkehren. Sein Ehrgeiz sei unbefriedigt, die Schmach zu groß. Er fühle sich wie ein Thronanwärter, dessen Geburtsrecht nicht anerkannt werde. Ruhm sei das größte Gut auf Erden, und ihm werde es versagt. Er frohlocke bei der »Aussicht auf das unendlich-prächtige Grab«. So treibt er jene, die ihm nahe sind, in den Wahnsinn. Nicht das erste und nicht das letzte Mal scheint dem preußischen Dichter der größte Untergang als das größte Glück.

Er läuft zwei Mal vergeblich 250 Kilometer zu Fuß an die französische Nordküste, wo die Landungstruppen darauf warten, England zu erobern. Unglaubliche Gewaltmärsche. Die Franzosen lehnen es entschieden ab, einen offenkundig verwirrten ehemaligen preußischen Offizier in ihre Reihen aufzunehmen. Das preußische Königshaus wird informiert und Kleist aufgefordert, unverzüglich die Heimreise anzutreten. Das fällt ihm, wie sich denken lässt, schwer. Er wollte schließlich mit einem Meisterwerk, oder nach einer großen Tat zurückkehren. Keineswegs mit leeren Händen.

Auf der Rückreise bricht Kleist in Mainz zusammen. Der angesehene Arzt und Jakobiner Georg Wedekind nimmt den Zerrütteten bei sich auf und ist einigermaßen ratlos, was er mit diesem Patienten eigentlich anfangen soll. Die Krankheit scheint auch nicht ohne Weiteres diagnostizierbar. Wedekind wendet sich an den alten Wieland, der Kleist daraufhin wenig schmeichelhaft charakterisiert: Dieser sei ganz ausgesprochen überspannt. Wieland warnt Wedekind auch davor, Kleist zu einem Amt zu verhelfen: »weil diese *Art von Beschäftigung* und *Abhängichkeit* ihm in kurzer Zeit ganz unerträglich fallen würde etc. etc.« Das zeugt von großer Menschenkenntnis.

Kleists Konflikte vollziehen sich nach einem wiederkehrenden Muster: Ansprüche werden ins Unermessliche gesteigert, bis sich ihm nur noch die schäbige Flucht samt großem Lügengebäude oder aber der heroische Tod als Lösung aufdrängen. Das Aufgeben des *Guiskard*-Projekts ist einschneidend. Von nun an dichtet Kleist bloß, wie er sich einmal ausdrückt, weil er es »nicht lassen kann«. Sein erstes Drama, die *Familie Schroffenstein*, ein an Shakespeares *Romeo und Julia* angelehntes Familiendrama, in dem zwei junge Menschen sich lieben und nicht lieben dürfen, hatte er als »elende Scharteke« bezeichnet. Der *Guiskard*, ein vermutlich groß angelegtes Historiendrama, das um Krieg, Heroismus und Pest kreist, aber soll eine noch nie dagewesene Erfindung der Menschheit werden.

Er war jetzt 26, kein Ruhm, aber allerlei Erschütterungen: Den Glauben an einen der Aufklärung verpflichteten Lebenssinn, den er durch wissenschaftliche Betätigung zur erlangen suchte, hatte er aufgegeben, eine Verlobung war gescheitert, das perfekte Werk ungedichtet. Paris hatte ihm gezeigt, dass mit moralischen Kriterien allein die Menschen sich nur unvollständig begreifen lassen. Kleist reifte durch all diese Wirren zu dem Dichter, der sich von der Anmut Schillers, von der Humanität Goethes, von den aufklärerischen Idealen Lessings lossagen sollte.

Als er im Juni 1804 Berlin erreicht, erträgt Kleist zunächst allerlei Ärger und Spott. Er kehrt zurück mit einer Vergangenheit, die nur aus unerreichten Idealen, aus Trümmern der Hoffnung besteht. Das Königshaus zeigt sich aber, wie übrigens Kleist gegenüber häufig, ziemlich gnädig. Man bietet ihm nach einer ordentlichen Rüge schließlich eine Laufbahn als Staatsbeamter an. Kleist wird nach Königsberg geschickt, um sich über die neuesten Lehren der Ökonomie zu unterrichten, er wälzt allerlei Akten über Reformen in preußischen Provinzen, leidet aber angeblich unter derart heftigen Unterleibsschmerzen, dass man ihn bald beurlauben muss. Da ist die Rede von den »hartnäckigsten Verstopfungen«, von »zusammengeknäuelten Eingeweiden«, von einem »Convolut von Gedärmen«. Er sitze an einem Abgrund.

Die Unterleibsschmerzen entpuppen sich, näher besehen, als Geburtswehen. Kleist bringt, gewiss unter Qualen, eine ganze Reihe neuer Werke in Königsberg zur Welt: Den *Amphitryon*, den berühmten Aufsatz *Über die allmählige Verfertigung der Gedanken beim Reden*, die Erzählung *Das Erdbeben in Chili*. Er arbeitet am *Michael Kohlhaas*, am *Zerbrochnen Krug*, an der *Penthesilea*, womöglich auch schon an der *Marquise von O…*, die von einer rätselhaften Schwangerschaft handelt (und damit auch davon, dass in jedem Anfang etwas Grauenhaftes steckt).

Während Kleist in literarischen Wehen liegt, gerät ganz Europa aus den Fugen. Preußische Truppen unterliegen in Jena und Auerstedt gegen die Franzosen, Berlin wird besetzt, der Hof flieht nach Königsberg. Ein Donnerschlag. Kleist ist jetzt naturgemäß in der allerbesten Stimmung: Das allgemeine Unglück, schreibt er seiner Schwester, erzöge die Menschen. Er finde sie jetzt weiser, wärmer und großherziger. Kleist ist endlich im Einklang mit der historischen Zeit, im Einklang mit dem Ausnahmezustand. Nicht die Zünfte- und Ständebefreiung in irgendwelchen Provinzen treibt ihn mehr um, sondern der kriegerische Augenblick, der alles Geschehene zur Bedeutungslosigkeit relativiert. Im Ausnahmezustand ist Kleists Scheitern gut aufgehoben. Himmel und Abgrund fallen in eins.

Das Kanonenfeuer macht auf wundersame Weise alle Staatsbürger zu liebevollen Brüdern und Schwestern. Hierarchien lösen sich auf, Abhängigkeiten, Privilegien. Dem Untergang ringt Kleist auf obszöne Weise Heiteres ab. Der standesbewusste Aristokrat Kleist feiert soziale Gleichheit, wenn es für niemanden nichts mehr zu verlieren gibt. Ein Gedanke, den er in der Erzählung *Das Erdbeben in Chili* aufgreift. Als St. Jago durch eine Naturgewalt zerstört wird, liegen Bettler und Fürsten gleichberechtigt nebeneinander. Und es lässt sich kaum mehr sagen, »ob die Summe des allgemeinen Wohlseins nicht von der einen Seite um eben so viel gewachsen war, als sie von der anderen abgenommen hatte«. Die Nachtigall flötet »im Wipfel ihr wollüstiges Lied«, voll »wundermilden Duftes« steigt die »schönste Nacht« herab. Ja »wieviel Elend über die Welt« doch kommen musste, damit man glücklich werden könne.

Dass im kollektiven Untergang für einen Augenblick der Staat ein »demokratisches Ansehn« gewinnt, hat Kleist auch in einem kleinen politischen Text entfaltet: Sobald eine Flamme eine Stadt bedrohe, eilten immer Bürger aller Stände herbei, um diese zu retten. Ein Regent sei weise, der die gefährliche Solidarisierung seiner Untertanen im Ausnahmezustand toleriere. Gleichheit setzt bei Kleist immer die Katastrophe voraus.

Nach der Niederlage Preußens wird Kleist für einen Spion gehalten und nach Fort de Joux ins französische Jura gebracht. Man steckt ihn in ein in den Felsen gehauenes Gefängnis, das Kleist zu schätzen weiß. Hier kann er ungestört weiterschreiben: »Die ganze Veränderung (...) besteht darin, daß ich nunmehr in Joux, statt in Dresden oder Weimar dichte (...)« Die vollständige Abhängigkeit birgt ein Moment der Freiheit, keine Entscheidung muss gefällt, keine Verantwortung mehr für irgendetwas oder für irgendwen übernommen werden. Keine Ansprüche belasten.

Nach Dresden gelangt Kleist tatsächlich wieder, als die Franzosen ihn freilassen. Er gründet dort mit Adam Müller, der nun in sein Leben tritt, ein Magazin, den *Phöbus*, der aber rasch eingestellt wird – da die beiden Verleger äußerst prahlerisch zu Werke gehen und unter anderem Goethe düpieren, kaum etwas anderes als die eigenen literarischen Erzeugnisse darin abdrucken und sich heillos verschulden (der Misserfolg hat beinahe dazu geführt, dass sich die Freunde duellierten).

Hierauf stürzt sich Kleist in den antinapoleonischen Widerstandskampf, er verfasst Propagandaschriften, sehnt sich nach einem barbarischen Volksaufstand, nach einem Gemetzel. Den preußischen Patrioten gibt der dichtende Krieger eine blutige Ode zur Vertreibung der Franzosen in die Hand: »Dämmt den Rhein mit ihren Leichen (…). Gift und Dolch der Afterbrut!« Der deutsche Nationalismus ist um 1800 einigermaßen diffus, zwischen rechts und links, altständischer Monarchiebegeisterung und nationaler Reformpolitik, zwischen neuem Nationalpathos und aufklärerischem Weltbürgergeist sind die Frontverläufe verworren. Kleist aber ist

38

klar in seiner Unbedingtheit: Im Befreiungskampf gelte es, eine Politik der verbrannten Erde, einen totalen Krieg ins Werk zu setzen. Ein jeder Bürger im Staat soll Krieger sein, soll die eigenen Brunnen vergiften, damit der Feind eifrig aus ihnen Wasser schöpft, und die eigenen Häuser abfackeln, damit sie dem Feind nicht zum Unterschlupf werden. Radikaler hat um 1800 kaum jemand gedacht. Götterdämmerungsphantasien ziehen auf: Eine Gemeinschaft gelte es zu etablieren, die zum kollektiven Selbstmord fähig sei und »die nur mit Blut, vor dem die Sonne erdunkelt, zu Grabe gebracht werden soll«.

Die letzten Monate seines Lebens verbringt Kleist in Berlin. Überliefert sind Episoden der Wut: Er gründet die *Berliner Abendblätter*, eine Tageszeitung, und lässt darin gegen den preußischen Staatskanzler Hardenberg und dessen Reformpolitik polemisieren, bis die Zeitung mit verstärkten Zensurmaßnahmen erdrückt wird. Er pöbelt über das preußische Nationaltheater, nun ist August Wilhelm Ifflands

Intendanz dem gereizten Dichter ein Angriffspunkt. Als der renommierte Theatermacher es ablehnt, Kleists *Käthchen von Heilbronn* auf die Bühne zu bringen, schreibt ihm der Dichter, es tue ihm leid, dass die Heldin ein Mädchen sei: »wenn es ein Junge gewesen wäre, so würde es Ew. Wohlgeboren wahrscheinlich besser gefallen haben.« Die plumpe Anspielung auf Ifflands Homosexualität macht die Runde. Kleist macht sich am Hof noch unbeliebter, als er es zu diesem Zeitpunkt ohnehin schon ist. Bald schon wird er an Marie von Kleist schreiben, dass ihm das Tageslicht weh tue, wenn er nur die Nase aus dem Fenster stecke; dass er reif zum Tode sei.

Kleists Glücksversprechen war der kollektive Untergang. Da sich Friedrich Wilhelm III. mit den Franzosen zunächst arrangierte, statt eine wilde Volkserhebung zu organisieren, musste der Dichter wieder die Mühen des Alltags bewältigen, sich als Journalist und als Schriftsteller vergeblich einen großen Namen zu machen versuchen. Statt an einer Volkserhebung teilzunehmen, beging Kleist einen sorgsam inszenierten Selbstmord. Der Schauplatz ist günstig gewählt. Zwischen den damaligen Residenzstädten Berlin und Potsdam – an der heutigen Bundesstraße 1 – war der Kleine Wannsee für das preußische Herrscherhaus unübersehbar. Wechselte der König die Residenz, konnte er – als gelte es, ihn zu verhöhnen – auf das Grab des abtrünnigen Soldaten blicken. Der große Krieg war Kleist am Ende seines Lebens verwehrt geblieben. Den Doppelselbstmord mag man als kleinen Krieg begreifen, als Volkserhebung en miniature, als gegen den Ehrbegriff der Zeit gerichtete heroisch-literarische Tat, als Glück im Untergang.

Dass es einen Einklang von Niederlage und Triumph geben könne, der die Ruhmlosigkeit aufhebt, war Kleist spätestens seit der Würzburger Reise ein vertrauter Gedanke. Kleist erinnert sich in einem Brief an die Braut im November 1800 an eine ihn tröstende Beobachtung, die er kurz zuvor in der Stadt gemacht hat. Er ging spazieren, und als

die Sonne herabsank war es mir als ob mein Glück untergienge. Mich schauerte wenn ich dachte, daß ich vielleicht *von Allem* scheiden müßte, von Allem, was mir theuer ist.

Da gieng ich, in mich gekehrt, durch das gewölbte Thor, sinnend zurück in die Stadt. Warum, dachte ich, sinkt wohl das Gewölbe nicht ein, da es doch *keine* Stütze hat? Es steht, antwortete ich, *weil alle Steine aufeinmal einstürzen wollen* – u ich zog aus diesem Gedanken einen unbeschreiblich erquickenden Trost, der mir bis zu dem entscheidenden Augenblicke immer mit der Hoffnung zur Seite stand, daß auch ich mich halten würde, wenn Alles mich sinken läßt.

Am Vorabend des Selbstmordes durfte Kleist zurecht glauben, dass ihn »Alles« hat sinken lassen: Der Streit, den Kleist um das Überleben der *Berliner Abendblätter* mit der preußischen Staatskanzlei geführt hat, wurde ihm zur großen Demütigung. Enge Berliner Freunde, Marie von Kleist und Adam Müller, hatten die Stadt verlassen. Seine Schwester Ulrike suchte Kleist vergeblich nach Berlin zu locken. Die Familie hatte sich von ihm abgewandt. Es gab den einen Ausweg noch, sich mir einer dreisten Tat als selbstbestimmt Handelnder zu erweisen.

Dass Kleists Selbstmord mit großer Empörung begegnet wurde, braucht nicht zu verwundern. Seit der

Antike wird der Selbstmord zumeist in moralischer Hinsicht verhandelt. Mit Aristoteles, Thomas von Aquin oder Diderot lässt sich die Ansicht vertreten, dass sich Selbstmörder entweder am Staat, an den Interessen der Gesellschaft oder aber an Gottes Schöpfung vergehen. Mit Sokrates, Voltaire, Hume oder Jean Améry lässt sich indes auf die autonome Selbstbestimmung setzen. Die Selbsttötung trage immer die Signatur der Freiheit. Die moralische Debatte, die einem aufsehenerregenden Selbstmord in der Regel folgt, verdeckt, bei Lichte besehen, den eigentlichen Skandal. Er gründet in dem Umstand, dass kein Selbstmord es vermag, sich seiner Inszenierung zu entledigen. Er ergreift uns als äußerst vitaler Ausdruck der Lebensverneinung. Unweigerlich setzt der Selbstmörder letzte Signale und hinterlässt ohnmächtige Deutungswut. Damit spitzt der Selbstmord noch einmal zu, was dem Tod ohnehin eigen ist: seine Unvorstellbarkeit und gleichsam unser Begehren, ihn dennoch ins Bild zu rücken.

»Das schauerlichste Übel«, schrieb Epikur, »geht uns nichts an; denn solange wir existieren, ist der Tod nicht da, und wenn der Tod da ist, existieren wir nicht mehr.« Unsere Todesangst entspringt einer Täuschung. Wir fürchten uns nicht vor dem Tod, sondern vor seiner Unvorstellbarkeit. »Aber diese

Unvorstellbarkeit hat keine Resignation, sondern vielmehr einen gewaltigen Sturm von Bildern und Visionen ausgelöst« (Thomas Macho). Ob nun mithilfe von Todesmasken in archaischen Gesellschaften und allerlei Begräbnisfolklore, durch barocke Ausmalungen der Hölle oder die Kunst des Memento mori – stets erwies sich die Kunst als der unablässige Versuch, den Tod um das letzte Wort zu bringen. So ist auch der Doppelselbstmord Kleists, der so sorgsam inszeniert wurde, Literatur mit anderen Mitteln, Kunst als Schein dessen, »woran der Tod nicht heranreicht« (Theodor W. Adorno).

Das Leben, schrieb Kleist, sei nichts wert, wenn man es nicht verachte. Und dass man schon tot sei, wenn man es aufzuopfern nicht jederzeit bereit sei. Kleist wurde verübelt, dass er auf einer heroisch-künstlerischen Bildwerdung des Sterbens beharrte. Und damit in Konkurrenz trat zum heldenhaften Tod in einer Schlacht, der ihm verwehrt blieb.

KRIEG

Im April 1793 besichtigt Johann Wolfgang Goethe im Alter von 43 Jahren eine Schlacht, in der Heinrich von Kleist kämpft. Das republikanische Mainz wird mithilfe des 15-jährigen Unteroffiziers im Ersten Koalitionskrieg gegen Napoleon belagert, schließlich von den Franzosen zurückerobert. Goethe, der den Herzog Karl August von Sachsen-Weimar-Eisenach als Schlachtenbummler begleitet, notiert im Rückblick: »Fortgesetztes Bombardement gegen den Dom; Turm und Dach brennen ab und viele Häuser umher. Nach Mitternacht die Jesuitenkirche.« Die Gefechte und Feuer sind nicht unhübsch anzuschauen. Es ist »sternenhellste Nacht« und die Bomben wetteifern mit den Himmelslichtern: »es waren wirklich Augenblicke, wo man beide nicht unterscheiden konnte.« Die Belagerung und Eroberung von Mainz erweist sich Goethe und zahlreichen Beobachtern als ein »seltener wichtiger Fall, wo das Unglück selbst malerisch zu werden versprach«. Er erblickt ein Schauspiel, an dem er sich kaum »satt sehen« kann.

Der Krieg ist hier Bühne, das Grauen fernes Wetterleuchten, die Schlacht wird mit einigem Sicherheitsabstand ästhetisch befriedet. Goethe arbeitet während der über Wochen sich hinziehenden Eroberung von Mainz, von der er sich nur zeitweise in Bann ziehen lässt, an seiner Farbenlehre, am kuriosen Feldzug gegen Isaac Newton. Er liest die Schrift *Entdeckungen über das Licht* des Revolutionärs Jean-Paul Marat und vergleicht sie mit seinen eigenen Überlegungen. Das Licht, notiert Goethe, sei das »homogenste Wesen, das wir kennen«, es sei nicht zusammengesetzt. »Am allerwenigsten aus farbigen Lichtern.«

Derweil fallen fast 1600 Soldaten auf preußischer Seite, darunter 86 Offiziere, in dieser einen von 14 Kampfhandlungen, an dem das Infanterieregiment Nr. 15 mit Kleist beteiligt war. Und zwar gegen eine Armee, die nicht, wie die eigene, aus zur Disziplin gedrillten Söldnern bestand, sondern aus national beseelten Individuen, frei beweglichen Einheiten, die zu spontanen Angriffen fähig waren. Statt durchsichtige Manöver zu vollführen, kämpften die Franzosen vorzugsweise in aufgelöster Ordnung.

Bei Trippstadt trifft Kleists Bataillon im Juli 1794 auf sogenannte Tirailleurs, auf regellose Schützenschwärme, welche die Schlachtreihen der Preußen auseinandertreiben. Ein Lokalblatt berichtet von der unsinnigen Raserei der Einzelkämpfer, mehreren Tausenden feindlicher Tirailleurs sei es gelungen, »im dicken Holze sich nach und nach in den Gründen bis an die Verhaue (...) heranzuschleichen«.

Preußen sollte aufgrund dieser anarchischen Kriegsführung der Franzosen 1806 bei Jena und Auerstedt zusammenbrechen. Bereits in den Schlachten, an denen Kleist beteiligt war, prallen – zugespitzt gesagt – zwei Grundprinzipien des Kampfes aufeinander. Hier die säuberlichen Reihen klassischer Kabinettskriege, dort die unberechenbaren Schützen, auf der einen Seite herrscht die Illusion von der Planbarkeit einer Schlacht, auf der anderen kämpft man unter dem Banner der Unordnung und des Zufalls.

Kleists Helden zelebrieren wenige Jahre später meisterhaft jene Überraschungsangriffe, die ihr Autor selbst erlebt haben dürfte. Michael Kohlhaas greift mit nur sieben Knechten die Tronkenburg an, fasst beim Eintritt in einen Saal einen Junker, der ihm entgegenkommt, bei der Brust, schleudert ihn in einen Winkel, »daß er sein Hirn an den Steinen versprützte«. Der Junker Wenzel von Tronka selbst aber, an dem sich Kohlhaas rächen möchte, entwischt. So fallen, gewissermaßen an dessen statt, »aus den offenen Fenstern der Vogtei, die Leichen des Schloßvogts und Verwalters, mit Weib und Kindern, herab. (…) Als der Morgen anbrach, war das ganze Schloß, bis auf die Mauern, niedergebrannt, und niemand befand sich mehr darin, als Kohlhaas und seine sieben Knechte«.

Kohlhaas, jener berühmte Rosshändler, »einer der rechtschaffensten zugleich und entsetzlichsten Menschen seiner Zeit«, hatte sich zuvor geweigert, auf seiner Handelsreise nach Sachsen auf der Tronkenburg einen Passierschein zu lösen. Für diesen gab es, wie Kohlhaas vermutete, keine Rechtsgrundlage. Zwei Pferde hinterließ er dem Junker Wenzel von Tronka als Pfand, um zwischenzeitlich Erkundigungen einzuholen. Die Pferde wurden in seiner Abwesenheit mit Feldarbeit zugrunde gerichtet. Anlass für Kohlhaas, sächsische Städte mit herbeigelocktem Lumpengesindel mordbrennend anzugreifen – zumal auf juristischem Weg aufgrund allerlei Verfilzungen in der sächsischen Staatskanzlei nichts auszurichten war.

Man versucht die Kohlhaassche Bande mit der sächsischen Streitkraft in mehreren Anläufen vergeblich niederzukämpfen. Kohlhaas ist der regulären Armee durch eine hochflexible Kriegsführung überlegen. Mal greift er die Sachsen, die unfähig sind, die Stellung zu halten, geschickt »auf vereinzelten Punkten« an, mal lockt er sie weit hinaus, um in einem »Gewaltritt« das schutzlose Wittenberg erneut in Brand zu stecken.

Kaum etwas treibt Kleist mehr um, als der unvorhergesehene Angriff. Er kreist in seinen Werken um die Gewalt, die hereinbricht als Unordnung in die Ordnung, kreist um die Tirailleurs, denen es gelingt, sich an die Verhaue heranzuschleichen zum Nahkampf. Im Nahkampf, der durch keine abstrakte Strategie mehr überwölbt zu werden vermag, der kein Maß der Gewalt kennt: Ein Angreifer im *Erdbeben in Chili* ruht nicht eher, als bis er ein Kind »bei den Beinen von seiner Brust gerissen, und, hochher im Kreise geschwungen, an eines Kirchpfeilers Ecke zerschmettert hatte«. Der »fürchterliche alte Neger« namens Congo Hoango kämpft in der *Verlobung in St. Domingo* mordbrennend gegen die Weißen auf Haiti, überfällt Pflanzungen des besetzten Landes, um »Alles, was er darin vorfand, über die Klinge« springen zu lassen. Piachi im *Findling*, da sein Adoptivsohn Nicolo die junge Frau des Alten verführt hat, platzt ins Haus »und stark, wie die Wut ihn machte, warf er den von Natur schwächeren Nicolo nieder und drückte ihm das Gehirn an der Wand ein«.

Es kann wenig Zweifel darin bestehen, dass derlei Szenen von einem Kriegstraumatisierten verfasst sind. Kleist entfaltet schockhafte Momente, wie sie etwa Elias Canetti in *Masse und Macht* vor Augen hatte: »Nichts fürchtet der Mensch mehr«, heißt es darin, »als die Berührung durch Unbekanntes. Man will sehen, was nach einem greift, man will es erkennen oder zumindest einreihen können. Überall weicht der Mensch der Berührung durch Fremdes aus.« Kleists Protagonisten haben zumeist keineswegs die Chance, zu erkennen oder einzureihen, was nach ihnen greift. Das Fremde ereilt sie unvorbereitet. Zu einem Kuriosum der Kleistschen Gewaltorgien gehört übrigens der Umstand, dass Waffen immer griffbereit zur Hand sind. Im *Findling* hängt mit größter Selbstverständlichkeit eine Peitsche an der Wand der jungen Hausfrau, im *Erdbeben in Chili* taucht eine schwere Keule auf, sobald die »ungesättigte Mordlust« nach ihr verlangt. Der Zufall (eines von Kleists Lieblingsmotiven überhaupt) ist immer auch der Zufall der Gewalt, den der Kindersoldat in Mainz und in Trippstadt zu fürchten hatte.

Dass die Szenen der Gewalt Ausdruck eines Kriegstraumas sind, schmälert keineswegs deren ästhetische Raffinesse. Im Gegenteil, Kleist entfaltet regelrecht eine Poetologie des Krieges: Es gibt in seinen Werken fast immer eine Spannung zwischen formaler Strenge – berüchtigt sind die hypotaktischen Satzungetüme in den Erzählungen, aber auch der halsbrecherische Blankvers der *Penthesilea* – und der Zügellosigkeit des Dargestellten. Die Grammatik kämpft bei Kleist gegen die Handlung an wie die preußische gegen die napoleonische Armee. Kleists Kunst ist Kriegskunst als Literatur.

Im Frühjahr 1799 entschließt sich Kleist, wir hatten es erzählt, die Militärlaufbahn, die für ihn als adliger Preuße selbstverständlich vorgesehen war, zu verlassen. Der »jetzige Zustand« der Armee, schreibt er, sei unhaltbar. Das preußische Heer, per Drill notdürftig zusammengehalten, bestehe aus »Exerciermeistern« und »Sclaven«. Militär, beschaffen wie das preußische, mache einen »übeln Eindruck« auf den Charakter: »Ich war oft gezwungen, zu strafen, wo ich gern verziehen hätte, oder verzieh, wo ich hätte strafen sollen; und in beiden Fällen hielt ich mich selbst für strafbar.« Es sei ratsam »in dieser wandelbaren Zeit so wenig wie möglich an die Ordnung der Dinge zu knüpfen«. Zur Dichtkunst hat sich Kleist zu diesem Zeitpunkt noch nicht entschlossen. Aber er möchte sich von den Fesseln seines Standes lösen, möchte studieren, schreibt sich in Frankfurt an der Oder, seiner Heimatstadt, ein. Die Familie ist entsetzt und willigt ein.

Dass auch Friedrich Wilhelm III., den Kleist persönlich kannte, den erbetenen Abschied vom Militär bewilligt, ist keine Selbstverständlichkeit. Kleist werde gewiss ein »besonders brauchbarer Geschäftsmann«, schreibt er ihm wohlwollend. Kleist wiederum versichert, er werde zukünftig weder der preußischen noch einer ausländischen Armee beitreten. Keine fünf Jahre später aber versucht er, da ihm die Vollendung seines Dramas *Robert Guiskard* nicht gelungen war, sich dem französischen Militär anzuschließen. Glanzvoll sterben möchte er im Kampf gegen England, es schmerzt die Schaffenskrise: »Ich habe in Paris mein Werk, so weit es fertig war, durchlesen, verworfen und verbrannt: und nun ist es aus. Der Himmel versagt mir den Ruhm, das größte der Güter der Erde (...) ich werde französische Kriegsdienste nehmen, das Heer wird bald nach England hinüber rudern, unser aller Verderben lauert über den Meeren (...)«

Kleist wird am preußischen Hof von einer Geistesverwirrung sprechen, die ihn ergriffen hatte. Er gehöre nicht vor ein Tribunal gestellt, sondern vor einen Arzt. Auch ins preußische Heer wird es ihn noch einmal drängen. Wenige Monate vor seinem Tod, im Spätsommer 1811, sucht er sich Geld zu verschaffen für eine Offiziersausrüstung, er rechnet mit einem neuerlichen Kriegsausbruch gegen Napoleon, der aber nicht stattfindet.

In seinen späten Werken versucht Kleist sich als Militärreformer zu profilieren. Die Tirailleure, die im Wahnsinn der Freiheit kämpften, hatte er verewigt. Und auch die Unzulänglichkeit einer Streitmacht dargestellt, die auf Vorsehung baut statt auf Zufall. Doch was tun? Wie sollte Preußen zurückschlagen?

Kleist schließt sich nach der vernichtenden Niederlage Preußens 1806, bei der es ordentlich zusammenschrumpft und von Franzosen besetzt wird, den radikalsten Reformern des Militärwesens an. Die flexible Kriegsführung der Franzosen soll übertrumpft werden durch eine noch flexiblere: durch Partisanenkampf. Wie dies genau vonstatten gehen könnte, steht unter anderem in der *Herrmannsschlacht*. Germanenfürsten kämpfen darin gegen Römer, so wie die Deutschen nach Ansicht Kleists gegen die Franzosen kämpfen sollten: in entfesselter Volkserhebung eines totalen Krieges. Und wenn das Volk zur Bestialität sich nicht durchzuringen vermag, bedarf es eines weisen Feldherrn, der die Kämpfer zum »sengen, brennen, plündern« des eigenen Landes bewegt und die Verheerungen als Gräueltaten des Feindes ausgibt. Diese Handreichung gibt Herrmann einem seiner Gefolgsleute. Lieber gelte es, in blindwütiger Freiheit zu leben, als sich zu unterwerfen, sich bequem einzurichten unter der Fremdherrschaft. Es soll alles zerstört werden, was dem Gegner von Nutzen sein könnte. Glück ist Kleist am finster-heiteren Abend seines Lebens: Wenn alles zu Staub zerfällt. Wenn man den Gegner mit hinabziehen kann ins Nichts.

So ist auch sein letztes und ausgereiftestes Stück, *Prinz Friedrich von Homburg*, eine Erziehungsschrift zum Tode, genauer: zur Todesbereitschaft. Die Brandenburger unter Friedrich Wilhelm kämpfen darin im 17. Jahrhundert gegen die Schweden. In der Entscheidungsschlacht stürzt sich der Prinz mit seiner Reiterei voreilig, abweichend vom Schlachtplan, ins Kriegsgetümmel. Dem Prinzen wird nach allerlei Verwicklungen in einer traumhaften Schlussszene des Stückes die Insubordination vergeben – Brandenburg ist heißblütiger Kämpfer durchaus bedürftig, die sich eigenmächtig bis an die Verhaue heranschleichen.

Zunächst aber wird ein Todesurteil über ihn verhängt, der Fürst scheint zur Unterzeichnung entschlossen, der Prinz von Homburg klammert sich in Todesfurcht ans Leben: »O Gottes Welt, o Mutter, ist so schön! / Laß mich nicht, fleh' ich, eh' die Stunde schlägt, / Zu jenen schwarzen Schatten niedersteigen! (…) Seit ich mein Grab sah, will ich nichts, als leben, / Und frage nichts mehr, ob es rühmlich sei!«

Prinzessin Natalie von Oranien, Chefin eines Dragonerregiments, um deren Hand der Prinz unmittelbar nach der Schlacht angehalten hat, drängt den Fürsten zur Begnadigung. Friedrich Wilhelm lenkt ein – sofern der Prinz ihm bestätigt, dass ihm Unrecht widerfahren sei, werde das Todesurteil auf-

gehoben. Hierauf setzt ein rasanter Meinungsum-
schwung ein. Der Prinz möchte nun doch nicht in
Unwürde überleben, er möchte ehrwürdig sterben:
»Ich will das heilige Gesetz des Kriegs, / Das ich
verletzt' im Angesicht des Heers, / Durch einen frei-
en Tod verherrlichen!« Der Todeswunsch des Prinzen ist ein ungemein wirksames Aphrodisiakum.
Die Prinzessin ist ganz entzückt: »Und bohrten
gleich zwölf Kugeln / Dich jetzt in Staub, nicht halten könnt' ich mich, / Und jauchzt' und weint' und
spräche: Du gefällst mir (…).«

Gleich sechzehnmal kommt das Wort »gleichviel« im Drama vor. Ich werde erschossen – gleichviel! Ich werde überleben – gleichviel! »Gleichviel«
meint einerseits »egal«. Kleists heroisches Diktum,
das Leben sei nur etwas wert, wenn man es verach-
tet, ist erfüllt. Doch bedeutet das »gleichviel« zum
Ende des Stücks hin, da der Prinz von Homburg
doch noch begnadigt wird, natürlich vor allem: ein
Ausgleich der Interessen, da niemand mehr in nie-
mandes Schuld steht. Gnade wird gewährt, wenn
Gnade gar nicht mehr gewährt werden muss. Dann
erst lässt sich wieder gemeinsam in die Schlacht ziehen, dann erst darf man sich »mit seinem ganzen
Gewicht, so schwer oder leicht es sein mag, in die
Waage der Zeit werfen«, wie es in einem Brief

Kleists heißt. Das Stück endet programmatisch: »In Staub mit allen Feinden Brandenburgs!« Himmel und Abgrund fallen in eins.

Wunderbar löst sich damit ein Konflikt des modernen Krieges: Es ist Unrecht, wenn der Soldat als fiebriger Partisan kämpft. Kämpft er aber tatsächlich als Partisan, wird er begnadigt. Der kalte Buchstabe hat Geltung, die Anarchie auch. So besehen ist die Monarchie der Demokratie auch überlegen: Sie vermag durch die Willkür des Fürsten das abstrakte Recht fallweise auszusetzen.

Es jauchzt die Braut, wenn der Bräutigam mit Kugeln durchbohrt wird. Krieg ist ein Synonym für Liebe, Küsse und Bisse, das reimt sich. Um diesen Gedanken herum ist Kleists wohl seltsamstes Drama, die *Penthesilea*, gebaut. Es ist ein einziges großes Schlachtengemälde, ein – wie Kleist selbst anmerkte – undarstellbares Stück. Es wird zumeist darin per Mauerschau berichtet. Die Amazonenkönigin kämpft gegen Achill, den größten Helden der Griechen. Die Beobachter der Schlachten unterrichten die Zuschauer atemberaubt vom Geschehen. Gewalt ist hier Gewalt der Sprache, der ganze »Schreckenspomp des Kriegs« wird aufgefahren in den wechselnden Berichten der Griechen und Amazonen über die Kämpfe des Paares. Hunde werden aufeinandergehetzt und Elefanten, mit Sichelwagen wird aufeinander eingeschmettert, um »üpp'ge Glieder« niederzumähen. Man steht auf zerklüfteten Felsen, stürzt in den Schlamm, die Verliebte verbeißt sich in »des Prachttiers Nacken«, tanzt »durch Berge neben ihm« und so weiter. Der Krieg ist pure Lust und steigert sich erst den Beobachtern zum puren Grauen. Penthesilea spannt am Ende

> mit Kraft der Rasenden, sogleich
> Den Bogen an, daß sich die Enden küssen,
> Und hebt den Bogen auf und zielt und schießt,
> Und jagt den Pfeil ihm durch den Hals; er
>   stürzt:
> Ein Siegsgeschrei schallt roh im Volk empor.
> Jetzt gleichwohl lebt der Ärmste noch der
>   Menschen,
> Den Pfeil, den weit vorragenden, im Nacken,
> Hebt er sich röchelnd auf, und überschlägt sich,
> Und hebt sich wiederum und will entfliehn;
> Doch, hetz! schon ruft sie: Tigris! hetz, Leäne!
> Hetz, Sphynx! Melampus! Dirke! Hetz,
>   Hyrkaon!
> Und stürzt – stürzt mit der ganzen Meut',
>   o Diana!

Sich über ihn, und reißt – reißt ihn beim
  Helmbusch,
Gleich einer Hündin, Hunden beigesellt,
Der greift die Brust ihm, dieser greift den
  Nacken,
Daß von dem Fall der Boden bebt, ihn nieder!
(…)
Sie schlägt, die Rüstung ihm vom Leibe reißend,
Den Zahn schlägt sie in seine weiße Brust,
Sie und die Hunde, die wetteifernden,
Oxus und Sphynx den Zahn in seine rechte,
In seine linke sie (…)

Derlei Schlachtung ist, wie es häufig heißt bei Kleist,
»entsetzlich«. Doch größtes Glücksmoment zugleich. Der Untergang als Verheißung ist sorgsam
vorbereitet. »Zum Tode war ich nie so reif als jetzt«,
ruft Penthesilea aus, als sie ziemlich in der Mitte des
Dramas irrigerweise glaubt, Achill als Gefangenen
in ihre Heimat führen zu können. Und variiert den
Satz später: »Ganz reif zum Tod' o Diana, fühl' ich
mich!« Als ihr im letzten Auftritt die eigene Gräuel-
tat recht bewusst wird, bringt sie sich auf, man darf
sagen, besondere Weise um. Sie gräbt, »kalt wie
Erz«, sich »ein vernichtendes Gefühl hervor«, sie

schmiedet sich einen Dolch aus Sprache: »So! So! So! So! Und wieder! – Nun ist's gut.« Die Regieanweisung lautet: »Sie fällt und stirbt.«

Wort wird hier zu Fleisch wie das Brot und der Wein unter der Zeremonie des Priesters zum Leib und Blut Christi. Die Sprache, die sich im Drama überschlägt, vollbringt das Wunder, das, was es ansonsten nur beschreibt, auch tatsächlich hervorzubringen. Das schöne Kunstwerk ist die reale Gegenwart des Krieges.

Goethe hatte die Beobachtung gemacht, dass Kleist ein starkes Interesse am Christentum hat, dass er bisweilen antikes Gedankengut ins Christliche wendet, was häufig bestritten wurde und wird. Indes hat Goethe natürlich recht. Auffällig häufig taucht in Kleists Werken der Fronleichnamstag auf, an dem die christliche Transsubstantiation, die Wandlung, gefeiert wird. In Kleists Erzählung *Die heilige Cäcilie oder Die Gewalt der Musik* findet ein Wunder am Fronleichnamstag statt, an eben jenem sinkt »die unglückliche Josephe, bei dem Anklange der Glocken, in Mutterwehen auf den Stufen der Kathedrale« im *Erdbeben in Chili* nieder. Kohlhaas wiederum begehrt sehnsüchtig den Leib Christi von Luther, bis dieser ihm am Ende der Novelle auch tatsächlich gewährt wird. »Willst du das Abendmahl empfangen?«, fragen die Priester des römischen Gottesstaats auch Piachi im *Findling*, um ihn gesetzestreu erhängen zu können. Ja, bereits Kleists erstes Drama, *Die Familie Schroffenstein*, setzt mit einer Wandlungsszene ein, in der das Haus Rossitz in einem Schwur auf den Leib Christi seine Rachegelüste untermauert.

Das Wort soll bei Kleist Fleisch werden, Körperlichkeit, Gewalt. Vor allem Kleists Propagandaschriften leben von der Hoffnung, dass der kalte Buchstabe Wirklichkeit wird, dass der dargestellte Befreiungskrieg sich wundersamerweise zum realen verwandelt. Kleist, anders als zahlreiche Romantiker in seinem Umfeld, laborierte mit seinem starken Interesse an der christlichen Wandlung allerdings nicht an einer religiösen Seinsmystik, an keinem diffusen Fluidum, das Freundschaften beflügelt und Liebesbeziehungen vernebelt, keineswegs an religiösen Gefühlen also, die »wie eine heilige Musik alles Tun des Menschen begleiten« (Friedrich Schleiermacher). Er verhöhnt den Religionskult der Romantiker ja regelrecht mit seiner *Cäcilien*-Erzählung, in der vier Brüder, Insassen einer Irrenanstalt, in religiöser Umnachtung jede Nacht wie »Leoparden und Wölfe« das »Gloria in excelsius« absingen. (Kleist verfasste die Erzählung für einen besonderen

Anlass: Er überreichte sie als Geschenk zur Taufe der Tochter von Adam Müller. Die Freude über das satirische Werk dürfte beim Gastgeber, der in romantischer Manier zuvor zum Katholizismus übergetreten war, begrenzt gewesen sein.)

Dass Kleist sich von den Romantikern distanzierte, ist folgerichtig: Seine Faszination an der Transsubstantiation entspringt einem kriegerischen, keinem rein ästhetischen Anliegen. Ästhetizismus sollte Carl Schmitt mit einiger Berechtigung der politisch inspirierten Romantik (vor allem: Adam Müller) vorwerfen: Die Romantiker hätten die politischen Wirren der Zeit nur zu einer weitschweifenden, in sich widersprüchlichen Rhetorik genutzt. Sie seien auf empörende Weise handlungsarm, aber phantasiereich gewesen. Kleist war gewiss phantasiereich, handlungsarm war er nicht. Ganz im Gegenteil: Seinen Werken waren mithin konkrete Anleitungen eingeschrieben, wie in politischen Krisensituationen zu verfahren sei. Auch die Tat, zu der sein Lebenslauf eigentümlich drängte, der Selbstmord, ist eine Schöpfung ganz aus dem Geist seiner Wandlungslehre. Das Wort sollte auch am Kleinen Wannsee zu Wirklichkeit werden. Literatur zur Tat und natürlich auch umgekehrt: Die Tat zur Literatur.

An den gemeinsamen Bekannten Ernst Friedrich Peguilhen schreiben die beiden Selbstmörder Heinrich
von Kleist und Henriette Vogel kurz vor ihrem Tod
einen Brief mit letzten organisatorischen Anweisun-
gen. Henriette Vogel beginnt dieses Schreiben, indem sie lapidar feststellt, zu dem Zeitpunkt, an dem
dieser den Brief lese, seien sie und Kleist »in einem
sehr unbeholfenen Zustande, indem wir erschossen
da liegen«. Ein Szenario, das Kleist bereits in seiner
letzten Erzählung, in der *Verlobung in St. Domingo*
gestaltet hat. Die Geschichte spielt auf Haiti, kreist
um den Befreiungskampf gegen die französische
Kolonialmacht und endet gleichfalls mit einem äußerst »unbeholfenen Zustande« der beiden Haupt-
protagonisten, dem unglücklichen Paar Toni und
Gustav von der Ried.

Gustav, der Schweizer Offizier, drückt am Ende
der Novelle eine Pistole »knirschend vor Wut, gegen
Toni ab. Der Schuß war ihr mitten durch die Brust
gegangen (…)«. Ein Diener, der herbeieilt und
»schon in manchen ähnlichen, verzweiflungsvollen
Fällen die Hülfe eines Arztes geleistet hatte«, versucht noch »mit einigen unvollkommenen Rettungs-

63

Werkzeugen (...) die Kugel, die, wie er meinte, in dem Brustknochen stecken müsse, auszuziehen; aber alle Bemühung (...) war vergebens (...) und ihre Seele schon zu besseren Sternen entflohn«.

Gustav, als ihm bekannt wird, dass sein Mord auf einem Missverständnis beruht (er glaubte voreilig an einen Liebesverrat), »jagte« sich daraufhin eine Kugel »durchs Hirn«: »des Ärmstem Schädel war ganz zerschmettert, und hing, da er sich das Pistol in den Mund gesetzt hatte, zum Teil an den Wänden umher.«

Fünfzehn Jahre nach der Belagerung von Mainz, am 24. Januar 1808, schreibt Kleist Goethe einen Brief »auf den Knieen meines Herzens«. Er legt dem Schreiben die erste Ausgabe seiner Zeitschrift *Phöbus* bei. In dieser ist ein Fragment seiner *Penthesilea* abgedruckt, auf die er unterwürfig hinweist. Der Brief schließt mit »der innigsten Verehrung und Liebe«.

Kleist erreicht das knappe Antwortschreiben bereits wenige Tage später: »Mit der Penthesilea kann ich mich noch nicht befreunden. Sie ist aus einem so wunderbaren Geschlecht und bewegt sich in einer so fremden Region daß ich mir Zeit nehmen muß mich in beide zu finden.« Der Brief Goethes schließt nach einigen missvergnügten Belehrungen folgendermaßen: »Dergleichen Dinge lassen sich freilich mit freundlichern Tournüren und gefälliger sagen. Ich bin jetzt schon zufrieden, wenn ich nur etwas vom Herzen habe. Nächstens mehr. Goethe.«

Man korrespondiert hierauf nicht mehr. Kleist veröffentlicht aber kurz darauf ein Epigramm, das mit »Herr von Goethe« überschrieben ist. Es ist auf die Farbenlehre bezogen: »Siehe, das nenn ich doch würdig, fürwahr, sich im Alter beschäftgen! / Er zerlegt jetzt den Strahl, den seine Jugend sonst warf.«

Goethe hatte den Krieg durch Kunst abgetötet, Kleist ihn ins nackte Leben gebracht.

LIEBE

Das 18. Jahrhundert wertete die Liebe auf abgründige Weise auf und problematisierte sie damit ungeheuerlich. Es begann, nicht mehr selbstverständlich zu sein, aus dynastischen oder wirtschaftlichen Erwägungen heraus zu heiraten (um bisweilen festzustellen, dass sich Liebe durch Gewohnheit ohnehin einstellte). Es verbreitete sich der eigentümliche Gedanke, dass man aufgrund von Liebe heiraten soll, aufgrund einer Passion also, der seit je mit Misstrauen begegnet wurde, zeichnet sich doch der Verliebte vor allem durch Unstetigkeit, Verwirrtheit und Willenlosigkeit aus.

Die Liebesehe ist, was man sich recht vor Augen führen muss, ein recht neues, schwerwiegendes und gar nicht selbstverständliches Konzept. Zurück tritt im 18. Jahrhundert die zuvor in höheren Schichten praktizierte Galanterie, honnêteté wird durch Redlichkeit ersetzt. Unter bürgerlichen Vorzeichen soll nunmehr unbedingtes Vertrauen herrschen. Vormals orientierte man sich am Hof, an dem man sich, idealtypisch gedacht, dem erotischen Spiel mit klar abgesteckten Verführungsregeln hingab.

Die Beförderung von Sittlichkeit wurde zur vornehmsten Aufgabe der schönen Literatur, Romane feierten eine neue Frau, die Sexualität ausschließlich im Ehestand kennt und die in ihrer unverführbaren Tugend sich bis zur Hochzeit ihrer Jungfräulichkeit rühmt. Die auf intime Zuneigung ausgerichtete Ehe durfte das Volk bald auch in Herrscherfamilien erblicken: Zu Zeiten Kleists war die Liebe zwischen der Königin Luise und Friedrich Wilhelm III. hymnischen Debatten ausgesetzt, was dem Regenten ziemlich anstößig erschien.

Man handelte sich mit der Liebesehe überhaupt ein nur schwer zu lösendes Dilemma ein. Vertrauensvolle Signale, wie kunstvoll sie man auch sendet, bleiben immer tückisch und trügerisch, was von vielen in dieser Umbruch- und Krisenzeit der Gefühle lebhaft beklagt wird und weshalb auch Kleist in einem Brief an seine Braut konventionsgemäß einmal davon spricht, dass er sein Herz gern malen würde, aber das Gemalte ja doch nur eine Kopie sein würde. Ein andermal heißt es: »Ich wollte, ich könnte mir das Herz aus dem Leibe reißen, in diesen Brief packen, und dir zuschicken. – Dummer Gedanke!« Überhaupt empfinde er sich als unaussprechlichen Menschen. Dieses Gefühl teilt Kleist durchaus mit seinen Zeitgenossen, sofern es um Liebesangelegenheiten geht.

Die empfindsame Gefühlserwärmung, die sich im 18. Jahrhundert Bahn brach, wird von den Romantikern noch einmal erheblich verkompliziert. Da sich Wahrhaftigkeit, wie sehr man es auch versucht, am Körper letztlich nicht ablesen lässt, wird die Rätselhaftigkeit des Geliebten zum abstrakten Weltgefühl erhoben, in dem man dann schwelgen darf. Man liebt nicht einfach den anderen, man liebt durch ihn die gesamte Welt. Es gilt dabei, »in der Selbsthingabe das Selbst zu bewahren und zu steigern, die Liebe voll und zugleich reflektiert, ekstatisch und zugleich ironisch zu vollziehen« (Niklas Luhmann). Ironie – und damit Distanz – half den Romantikern darüber hinweg, dass sich Vertrauen kaum erpressen ließ.

Die bürgerliche Liebeskonzeption, auch in ihrer romantischen Fortschreibung, ging von ungleichen Voraussetzungen zwischen Mann und Frau aus: »Der Mann liebt das Lieben, die Frau liebt den Mann; sie liebt dadurch einerseits tiefer und ursprünglicher, andererseits auch gebundener und weniger reflektiert« (Luhmann). Womit wir endgültig wieder bei der Beziehung Kleists zu seiner Verlobten Wilhelmine von Zenge wären, die einer genaueren Betrachtung lohnt.

Im Februar 1799 zog der Standortkommandant August Wilhelm Hartmann von Zenge mit seiner Familie aus Berlin, wo man am gesellschaftlichen Leben lebhaften Anteil hatte, in die kleine Garnisons- und Handelsstadt Frankfurt an der Oder, um ein Infanterieregiment zu kommandieren. Im Nachbarhaus wohnten die Kleists, genauer: fünf Waisen des Majors Joachim Friedrich von Kleist, denen ihre Tante Auguste Helene von Massow den Haushalt besorgte. Einer der Waisen hieß Heinrich von Kleist, er war 21 Jahre alt und Student der Frankfurter Universität, die keinen sonderlich guten Ruf hatte. Hinter ihm lag, wie wir bereits gesehen haben, eine abgebrochene Militärlaufbahn, im Sinn hatte er nun das etwas überreizte Vorhaben, durch Bildung zum Glück zu gelangen. Der Optimismus der Aufklärung strahlte in Frankfurt an der Oder noch einmal ganz ungebrochen.

Eine der Töchter der Zenges hieß Wilhelmine, sie war 18 Jahre alt und sehr hübsch, und sie gehörte zu jenen zwölf Zuhörern, denen Heinrich von Kleist eine Privatvorlesung seines Professors Christian Ernst Wünsch organisierte – ein, in den Worten Alexander von Humboldts, »halbverrückter Gelehrter«, der Physik und Theologisches hochspekulativ verrührte und überdies an Seelenwanderungen glaubte. Wünsch hielt seine Privatvorlesung über Experimentalphysik, sie dauerte mehrere Monate und Kleist ging den Unterrichtsstoff mit den Zenge-Töchtern noch einmal durch. Er soll überhaupt sich als inoffizielle Lehrkraft der Zenges verdient gemacht haben: Den Mädchen brachte er, da sie arg berlinerten, Hochdeutsch bei und ließ sie Aufsätze schreiben. Man darf sich das pedantisch und fortschrittlich zugleich vorstellen.

Nach einer der Unterrichtsstunden steckt ihr Heinrich von Kleist einen Brief zu. Wilhelmine ist erschrocken, als sie liest, was da steht, nämlich, dass er sie liebt und um ihre Hand bittet. Man könne doch auch befreundet sein, antwortet Wilhelmine dem Lehrer rasch. Sie achte ihn. Aber lieben? Nein.

Offenbar war dies keine Ziererei, sondern handfeste Abneigung. Im Rückblick notierte Wilhelmine, Kleist sei ihr melancholisch, finster und wortkarg vorgekommen. Ganz anders als dessen Bruder Leopold, der stets zu Scherzen aufgelegt gewesen sei. Heinrich von Kleist aber scherzte keineswegs, er war tödlich gekränkt, belagerte die Zenge-Tochter beharrlich und forderte sie auf, ihm gefälligst zu schreiben, wie er sich zu verhalten habe, damit er ihr doch noch gefalle. Er könne sich doch ändern. Wilhelmine ließ sich, sie wusste womöglich selbst nicht recht, warum, erweichen und auch die Eltern willigten prinzipiell ein: Sobald Kleist ein Amt habe, dürfe die Verlobung offiziell werden.

Kleist erweist sich auch nach der Verlobung nicht als glühend Verliebter, sondern als glühender Lehrer. Er verfasst die bereits erwähnten Denkübungen für Wilhelmine, die sie fleißig zu lösen sucht: Was denn der Unterschied sei zwischen rechtfertigen und entschuldigen? Ob es besser sei, gut zu sein oder gut zu handeln? Wie das Verhältnis zwischen Mann und Frau beschaffen sein soll? Die Didaktik schließt auch das Liebesempfinden der Braut mit ein. Kleist erzwingt Nähe, bedrängt sie, ihm zu schreiben: »ich liebe Dich.« Wilhelmine soll »immer offenherzig« sein, transparent, ohne Hintergedanken, sie soll ihm rückhaltlos vertrauen. Kleist erträgt nicht, dass zwi-

schen den äußeren Zeichen der Liebe und den Gedanken ein Riss klaffen könnte, dass ein Einklang
sich nicht, sich niemals beweisen lässt. Er leidet an
jener für das 18. Jahrhundert so typischen Forde-
rung nach Wahrhaftigkeit der Liebe, für die es nur
unzuverlässige Zeichen gibt.

Dann verreist er mit einem Mann. Überstürzt,
nur wenige Wochen nach der Verlobung bricht er
auf jene berüchtigte Würzburger Reise auf. Was immer ihr angeblicher Zweck gewesen sein mag – sie
wurde ihm auch zum Beziehungsexperiment. Kleist
schrieb, während er reiste, fleißig Briefe. Wie Mari-
onetten suchte er durch sie, die neugierige Schwester und die verzweifelte Braut zu lenken und zu
disziplinieren. Eindringlich schwört er sie auf Ver-
schwiegenheit ein. Kein Wort dürfen sie über die
Reise anderen gegenüber verlieren, alles sei geheim:

Auf Euch Beide beruht mein ganzes Vertrauen.
So lange ihr beide ruhig u sicher seid, wird es die
Welt auch sein. Wenn ihr beide aber mir mistrauet,
dann freilich, dann hat die Verläumdung freien
Spielraum, u mein Ruf wäre dahin. Meine baldige
Rückkehr würde zwar dies alles wieder vernich-
ten u meine Ehre wiederherstellen; aber ob ich

zwei Menschen, die mich so tief entehrten, dann
selbst noch würde ehren können, das ist es, was ich
bezweifeln muß. – Aber ich fürchte das nicht. – –

»Du vergißt doch nicht«, so Kleist an Ulrike, »daß
ich *Dir allein* meinen Aufenthalt mittheile.« Noch
einen Tag vorher war es Wilhelmine, die die »Einzige in der Welt« sei, der er sich anvertrauen könne.
»*Ulrike* soll immer nur erfahren, wo ich *bin*«,
schreibt Kleist Wilhelmine, »Du aber, mein geliebtes
Mädchen, *wo ich sein werde.*«
So spielt Kleist die Zurückgelassenen gegeneinan-
der aus, die sich in seiner Abwesenheit gefragt haben dürften, wer was und wann genau erfahren hat.
Ulrike und Wilhelmine haben überdies den Mitkon-
kurrenten Ludwig von Brockes um das geheime
Wissen, dem Kleist sich »ganz anvertraut« habe,
weil er ein Mann ist, »denn eine Frau« kann »meine
Vertraute nicht werden«. Mit dem Geheimnis der
Würzburger Reise strukturiert Kleist sadistisch ein
Beziehungsgeflecht. Wilhelmine stellt er die Lüftung
des Geheimnisses in Aussicht, sofern sie »ruhig«
und »verschwiegen« bleibt und unter der Bedin-
gung, dass sie sich selbst mit ihrer »ganzen offnen
Seele« ihm »anvertraut«. Die Entschlüsselung des

Geheimnisses wird immer wieder verheißungsvoll in Aussicht gestellt, die Einlösung des Versprechens dabei aber von Brief zu Brief verschoben. Bisweilen findet die Verschiebung in einzelnen Briefen statt: »erst will ich Dir das Nothwendige, nämlich den Verlauf meiner Reise erzählen, u dann zusehen, ob mir noch zu andern vertraulichen Gedanken Zeit übrig bleibt.« Die Zeit bleibt natürlich nicht. So treibt er jene, die ihm nahe sind, in den Wahnsinn. So wird Kleist auch zahlreiche seiner Protagonistinnen in den Wahnsinn treiben.

Alkmene zum Beispiel in dem Lustspiel *Amphitryon*. Sie glaubt mit dem gleichnamigen thebanischen Feldherrn, ihrem Gatten, eine Liebesnacht verbracht zu haben, nachdem dieser von einer Schlacht zurückgekehrt war. In Wahrheit aber war es Jupiter, der dem Olymp entstieg und in Gestalt des Amphitryon in ihr Bett schlüpfte. Amphitryon, der erst einen Tag später vom Krieg gegen die Athener anreist, sieht sich betrogen und Alkmene um den Verstand gebracht.

Dem Amphitryon-Stoff sind in der Literaturge-
schichte viele Bearbeitungen vorangegangen, Kleist
orientiert sich in weiten Teilen an Molière, stellt aber
erstmals Alkmene in den Mittelpunkt der Handlung.
Es entspinnt sich zwischen ihr und Jupiter schließlich ein abgründiger Dialog, in dem er ihr (allerdings
in Gestalt des Amphitryon) erklärt, der Donnergott
habe sie aufgesucht. Zuvor aber befragt er sie, stellt
eifersüchtig die Vertrauensfrage: Ob sie Gott nicht
verhöhne? Ob sie, wenn sie bete, womöglich Amphitryon, nicht Jupiter vor Augen habe? »Weil in des
Blitzes zuckender Verzeichnung / Du einen wohlbe-
kannten Zug erkannt? (...) Ist's nicht Amphitryon,
der Geliebte stets, / Vor welchem Du im Staube
liegst?« – »Soll ich«, erwidert Alkmene in diesem
grausamen Verhör, »zur weißen Wand des Marmors
beten? / Ich brauche Züge nun, um ihn zu denken.«
Dem Gott bringe sie Ehrfurcht entgegen, ihre Liebe
gelte Amphitryon, sagt Alkmene. Das sei, bemerkt
Jupiter beleidigt, frevelhaft und er bereue es, auf die
Erde hinabgestiegen zu sein. Schließlich wird er konfrontiert mit einer Frau, die dem Gatten den Gott
vorzieht, mehr noch: die sich den Gott nur als Gatten denken kann.

Kleist hatte Wilhelmine umständlich den Unterschied zwischen Frauen und Männern in einem

Brief auseinandergelegt: Der dringende Wunsch des in öffentliches und privates Wirken gespaltenen Mannes ist es, geliebt zu werden. Die Frau bestimmt sich vollständig durch die Liebe, die sie gibt. Sie liebt, fürchtet und verehrt ihn als den einen Gott und duldet keine anderen Götter neben sich. Der *Amphitryon* illustriert damit präzise das Rollenverständnis, das Kleist für Wilhelmine im Sinn hatte.

Wie denn überhaupt die Verhörszene des Dramas Kleists Würzburger Reise verdichtet. Kleist hatte sich durch seine Abwesenheit als Jupiter installiert: als ferner Gott, dessen Züge von der Geliebten mit dem Gatten versehen werden. Beide – sowohl Jupiter als auch Kleist – stellen die Loyalität der Geliebten auf die Probe. Und beide haben einen Wissensvorsprung gegenüber der Geliebten. Jupiter ist heimlich in die Gestalt des Gatten geschlüpft und verlangt ein klares Liebeszeichen: Der Olymp, sagt er, sei öde ohne Liebe. Kleists Wissensvorsprung wiederum ist jenes dunkle Geheimnis, das er nicht verraten kann (und das es vermutlich gar nicht gibt).

Jupiter und Kleist versuchen Alkmene und Wilhelmine mit List zu steuern. Sie geben sich allwissend, vor ihren hilflosen Figuren verstellen sie sich blendend. Dass die Gattin ihnen damit fremd bleiben muss, erkennen beide und können es beide nicht ändern: Dem Unerreichbaren gegenüber bringt sie Ehrfurcht entgegen, Liebe nicht unbedingt. Die Liebe der Gattin ist damit ein schwieriges, schwer handhabbares Gut, von dem das volle Glück des Mannes abhängt: Sie soll ihren Mann wie einen Gott lieben. Tritt er ihr aber als Gott entgegen, verweigert sie die Liebe.

Der *Amphitryon* steht nur stellvertretend für eine Reihe von Texten, in denen Kleist das geliebte Gegenüber aus Misstrauen in Verhörsituationen bringt. Auch das Käthchen von Heilbronn wird eingehend befragt, die Mestizin Toni aus der *Verlobung in St. Domingo* wie auch die Marquise von O... Der Umstand, dass es unmöglich ist, unbedingtes Vertrauen zweifelsfrei anzuzeigen, erfährt bei Kleist allerdings eine spezifische Wendung. Suchten die Romantiker das schwelende Misstrauen jeder Liebesbekundung, die zum Problem der Liebesheirat geworden war, ins Verrätselte genießerisch zu überhöhen, so stellt Kleist die Unterwerfung, die Befragung der Geliebten, die Ungleichheit der Partner, vor allem aber auch: die wechselseitige Verstellungskunst auf quälende Dauer. Was die Liebe naturgemäß scheitern lässt – schon deshalb, da der Inquisitor an einem bestimmten Punkt nicht weiterkommt und sich zu langweilen beginnt.

Nun hat, was leicht übersehen werden kann, Kleist
sehr wohl einen Begriff vom erfüllten Liebesaugenblick, den er seinen Verhörsituationen schroff entge-
gensetzt. Dieser unterscheidet sich allerdings gänzlich von den romantischen, zeitgenössischen Versuchen, durch Ironie das Misstrauen der Liebenden
zu umspielen und es auf eine schadlose Ebene zu
hieven.

> Wie flogen wir vor einem Jahre einander, in
> Dreßden, in die Arme! Wie öffnete sich die Welt
> unermeßlich, gleich einer Rennbahn, vor unsern
> in der Begierde des Wettkampfs erzitternden Ge-
> müthern! Und nun liegen wir, übereinander ge-
> stürzt, mit unsern Blicken den Lauf zum Ziele
> vollendend, das uns nie so glänzend erschien, als
> jetzt, im Staube unsres Sturzes eingehüllt!

Man hat den Brief Kleists an Ernst von Pfuel, aus
dem dieser Passus stammt, mit einigem Recht als
einen der schönsten Liebesbriefe eines deutschen

Dichters überhaupt bezeichnet. Kleist schreibt, ihm wurde durch Pfuel »die ganze Gesetzgebung des Lykurgus« klar. Gemeint ist ein vermutlich mythischer, spartanischer Gesetzgeber, der bei Kleist für die antike Knabenliebe einsteht. Die Liebe, die Kleist vor Augen hat, widerspricht allerdings der aus der Antike überlieferten Beziehung erwachsener Männer zu Jünglingen. Hier stehen zwei Gleichberechtigte und beinahe Gleichaltrige auf einer Rennbahn, Krieger in der Begierde des Wettkampfs, die übereinander stürzen. Man hat das Ziel vor Augen, kommt aber nicht mehr an, es glänzt nur in der Ferne. Es gibt keinen Sieger, keinen Verlierer, nur wechselseitige Verausgabung. Es löst sich im Augenblick der gemeinsamen Niederlage der gesellschaftliche Ehrgeiz – Kleists wundester Punkt – auf, den das Glück gleichwohl zur Voraussetzung hat.

Die Liebe hatte Kleist zunächst als ungleiches Verhältnis aufgefasst, als Verhältnis zwischen Lehrer und Schülerin, zwischen Gott und Geliebter. Im Brief an Pfuel aber entfaltet er sie als gleichberechtigtes Ringen, das die Zeit aufzuhalten vermag, als Moment eines gemeinsamen Untergangs, der in Glück umschlägt.

Es gibt derartig emphatische Momente auch in Kleists Erzählungen. Sie enden übrigens – man lasse sich von den Orgien der Gewalt nicht irreleiten – zumeist versöhnlich. Am Ende, nach allen Verwicklungen, fällt etwa die Marquise von O… ihrem Mann »in einer glücklichen Stunde« um den Hals. Und fast scheint vergessen, was sich zu Anfang der Erzählung inmitten eines Kriegsgeschehens ereignet hatte: dass eben dieser Mann, der russische Offizier Graf F…, sich an der Marquise ohne ihr Wissen (denn sie war, wie es heißt, »völlig bewußtlos« gewesen) vergangen hatte.

Der Graf ahnte gleich, dass er ohne Sühne seiner »nichtswürdigen Handlung« nicht davonkommen würde. Als er bald darauf in einem Gefecht angeschossen wird, ruft er aus: »Julietta! Diese Kugel rächt dich!« Doch überlebt er, kehrt ins Elternhaus der Marquise zurück und macht ihr einen Heiratsantrag, die sich zunächst Bedenkzeit erbittet. In eben jene fällt die Enthüllung ihrer Schwangerschaft. Die Marquise wird des elterlichen Hauses verwiesen und zieht auf ihr Landgut. Dass dem Graf nach einigem Hin und Her schließlich verziehen wird, hängt mit einem unüblichen Heiratsvertrag zusammen, »in welchem dieser auf alle Rechte eines Gemahls Verzicht tat, dagegen sich zu allen Pflichten, die man von ihm fordern würde, verstehen sollte«. Erst als die Marquise sich den Vertrag mehrere

Male durchliest, ihn sinnend zusammenfaltet, ihn erneut aufschlägt, ihn abermals liest, erklärt sie sich zur Hochzeit bereit. Während der darauffolgenden Taufe des Neugeborenen legt der Graf überdies eine Schenkung auf die Wiege: 20.000 Rubel und ein Testament, »in dem er die Mutter, falls er stürbe, zur Erbin seines ganzen Vermögens einsetzte. Von diesem Tage an ward er (...) öfter eingeladen«. Und sein Gefühl sagte ihm, »daß ihm von allen Seiten, um der gebrechlichen Einrichtung der Welt willen, verziehen sei«.

Die Unordnung, die der Graf gestiftet hat, lässt sich beseitigen – durch finanzielle Wiedergutmachung und einen Ehrverlust, der den Ehrverlust der Marquise aufwiegt. Verziehen wird ihm, wenn es nichts mehr zu verzeihen gilt, wenn durch seinen Verzicht auf Rechtsansprüche ein Gleichgewicht der Kräfte herrscht. Mit anderen Worten: wenn Julietta gerächt ist.

Kleist umkreist in seinem Werk immer wieder den glücklichen Moment, in dem die gegnerischen Parteien wechselseitig und glücklich kapitulieren. Michael Kohlhaas, der des Missbrauchs zweier Rappen wegen halb Sachsen abfackelt, wird am Ende der Erzählung zwar hingerichtet, doch sein Rechtswille wird ausgeführt: Gegen den bekämpften Junker wird eine Haftstrafe verhängt und alle Verluste Kohlhaas' werden zurückerstattet. Die Rappen sind zwischenzeitlich gehegt und gepflegt worden, ihr Fell strahlt so prächtig wie früher – diesmal auf dem Hinrichtungsplatz.

Inmitten des Kriegs, des Wettkampfs, infolge einer Naturgewalt vermag bei Kleist für einen Moment – um noch einmal aus dem *Erdbeben in Chili* zu zitieren – die Nachtigall ein »wollüstiges Lied« flöten und es lässt sich kaum mehr sagen, »ob die Summe des allgemeinen Wohlseins nicht von der einen Seite um eben so viel gewachsen war, als sie von der anderen abgenommen hatte«. Kommt die Waage widerstreitender Interessen kurzweilig ins Gleichgewicht, lässt sich friedlich unter einem Granatapfelbaum schlummern.

Die Kleistschen Glücksszenarien entspringen keinem einseitigen Opfer, wie etwa in Goethes *Iphigenie auf Tauris*. Derlei zu entfalten muss dem Aristokraten Kleist, dem jeder Statusverlust empfindlich ist, widerstreben. Ehrgefühl und Gefallsucht lassen sich nicht qua Einsicht eindämmen: »(...) wer weiß ob Christus am Kreuze gethan haben würde, was er that, wenn nicht aus dem Kreise wüthender Verfolger seine Mutter u seine Jünger feuchte Blicke des Entzückens auf ihn geworfen hätten.« Selbst die christliche Heilsgeschichte ist in Kleists Augen von einer gefälligen Selbstdarstellung angesteckt. Wer sich einseitig aufopfert, wie Achill, der Penthesilea schutzlos begegnet, um sich von ihr gefangennehmen zu lassen, wird zerfleischt. Uneigennützige Opfer werden gar nicht erst begriffen.

Die Kleistschen Glücksszenarien entspringen keinem einseitigen Opfer. Sie entspringen auch nicht dem Verhör, der einseitigen Niederlage. Sie entspringen nicht dem erpressten Vertrauen.

Sie entspringen nicht der Ironie, mit der man nach romantischer Vorstellung in Liebesdingen wahrhaft und verlogen zugleich sein könnte. Es gibt bei Kleist kein Glück um den Preis der Vernebelung.

Sie entspringen dem Duell, der Erschöpfung im Kampf, der Kapitulation, die keine Verlierer kennt und keine Gewinner. Der erfüllte Liebesaugenblick bei Kleist: wenn kein Begehren, kein Ehrgeiz die miteinander ringenden Liebenden mehr antreibt und die Verstellung sich für einen Moment erschöpft hat.

EPILOG

Die Beziehung zu Wilhelmine scheiterte, als diese nicht bereit war, Kleist in die Schweiz zu folgen und Bäuerin zu werden, was Kleist als Liebesverrat deutete. Sie heiratete bald darauf einen Philosophieprofessor, Wilhelm Traugott Krug, der sich – wie zunächst Kleist auch – allerlei stumpfe Gedanken über die gesellschaftliche Rolle von Frauen machte (er kam übrigens zu ähnlichen Schlüssen). Krug wurde in Königsberg Nachfolger von Kant und zeugte mit Wilhelmine sechs Kinder. Kleist blieb kinderlos und schrieb ein Drama, das *Der zerbrochne Krug* heißt. Kleist brachte sich um an einem Lokal, das Stimmings Krug hieß.

Es ist eigentümlich, dass über Henriette Vogel, Kleists Todesbegleiterin, bis heute zumeist behauptet wird, man wisse eigentlich gar nichts über sie. Und das, was man über sie wüsste, sei wenig schmeichelhaft: Sie sei überspannt und religiös beseelt gewesen. Dabei hat ein Vertrauter der Vogels – Ernst Friedrich Peguilhen – sie nach ihrem Selbstmord recht genau charakterisiert: Sie sei gebildet und wissbegierig gewesen. Sie habe das Drechseln lernen wollen und das Fechten. Mit Kleist, so Peguilhen, habe sie über Kriegskunst räsoniert (so wie Kleist auch mit Ernst von Pfuel über Kriegskunst räsoniert hat). Henriette Vogel habe mit Eifer in den *Gefährlichen Liebschaften* von Choderlos de Laclos herumgelesen und in Goethes *Werther*. Sie soll Aufsätze verfasst, aber kurz vor ihrem Tod diese mit Kleist verbrannt haben (der seine noch unveröffentlichten Arbeiten vermutlich gleich mit ins Feuer warf). Auch soll sie ihrer Familie gegenüber angedeutet haben, dass sie jemanden suche, der sich mit ihr umbringe (was die Stimmung in der Runde immer einigermaßen verdüstert haben soll). Überhaupt soll sie die Gesellschaft gebildeter Männer gesucht haben, das eigene Geschlecht habe sie wenig interessiert.

Es ist demnach nicht auszuschließen, dass Kleist für seine letzte Tat einen idealen Komplizen gefunden hat, jemanden, der, wie er, interessiert am kriegerischen Kampf war, den er als gleichberechtigt empfinden konnte. Jemand, mit dem sich – wie mit

Pfuel (mit dem sich Kleist ja gleichfalls töten wollte) – die Welt unermesslich öffnete, gleich einer Rennbahn. Und man schließlich übereinander
stürzte und im Staube des Sturzes eingehüllt war.

LITERATUR

Bisky, Jens: Kleist. Eine Biographie. Berlin 2007.

Blamberger, Günter: Heinrich von Kleist. Die Biographie. Frankfurt a. M. 2011.

Goethe, Johann Wolfgang von: Werke. Hg. im Auftrag der Großherzogin Sophie von Sachsen. 143 Bde. Weimar 1887–1919. Nachdruck München 1987.

Horkheimer, Max und Adorno, Theodor W.: Dialektik der Aufklärung. Philosophische Fragmente. Frankfurt a. M. 1994.

Kittler, Wolf: Die Geburt des Partisanen aus dem Geist der Poesie. Freiburg im Breisgau 1987.

Kleist, Heinrich von: Lebensspuren. Dokumente und Berichte der Zeitgenossen. Neu hg. von Helmut Sembdner. München 1996.

Kleist, Heinrich von: Sämtliche Werke und Briefe in vier Bänden. Hg. von Ilse-Marie Barth, Klaus Müller-Salget, Stefan Ormanns und Hinrich C. Seeba. Frankfurt a. M. 1991–1997.

Lessings Werke. Hg. von Kurt Wölfel. Frankfurt a. M. 1982.

Luhmann, Niklas: Liebe als Passion. Zur Codierung von Intimität. Frankfurt a. M. 2003[7]

Macho, Thomas und Marek, Kristin (Hgg.): Die neue Sichtbarkeit des Todes. Paderborn 2007.

Michalzik, Peter: Kleist. Dichter, Krieger, Seelensucher. Biographie. Berlin 2011.

Müller-Salget, Klaus: Heinrich von Kleist. Stuttgart 2002.

Schiller, Friedrich: Werke in drei Bänden. Hg. von Herbert G. Göpfert. München 1997[8].

Schmitt, Carl: Politische Romantik. Berlin 1998.

Schneider, Helmut J.: Kleists Ehrgeiz und Ruhm-sucht. In: Kleist-Jahrbuch 2008/09, S. 202–213.

Schulz, Gerhard: Kleist. Eine Biographie. München 2007.